Mein Lernweg

AF178858

Name

M m
S. 10

A a
S. 13

L l
S. 16

I i
S. 19

N n
S. 22

U u
S. 43

R r
S. 40

O o
S. 37

T t
S. 34

S s
S. 31

E e
S. 25

B b
S. 51

W w
S. 54

D d
S. 57

H h
S. 60

G g
S. 63

F f
S. 66

Au au
S. 72

K k
S. 75

Eu eu
S. 95

P p
S. 92

-ie
S. 90

Z z
S. 84

-ch
S. 81

Ei ei
S. 78

Sch sch
S. 98

Ä ä
S. 101

Ö ö
S. 103

Ü ü
S. 105

-tz
S. 112

St st
S. 115

Pf pf
S. 132

X x
S. 131

V v
S. 129

Sp sp
S. 123

J j
S. 120

-ck
S. 118

-äu
S. 134

Qu qu
S. 135

-ß
S. 139

C c
S. 141

Y y
S. 142

das Heft personalisieren: ein Foto einkleben oder ein Portrait malen,
die einzelnen Stationen des Lernwegs nach Bearbeitung der Buchstaben/Laute farbig ausmalen

1

Ich übe mit dem Stift

So hältst du den Stift richtig:

1.

2.

die korrekte Stifthaltung kennenlernen:
1. Ausmalbild mit Buntstiften ausmalen
2. mit einem Stift Wege durch das Labyrinth finden, Schreibrichtung von links nach rechts einhalten

1.

Ich lerne die Lauttabelle kennen

1. ✏️

M m	E e	L l	O o

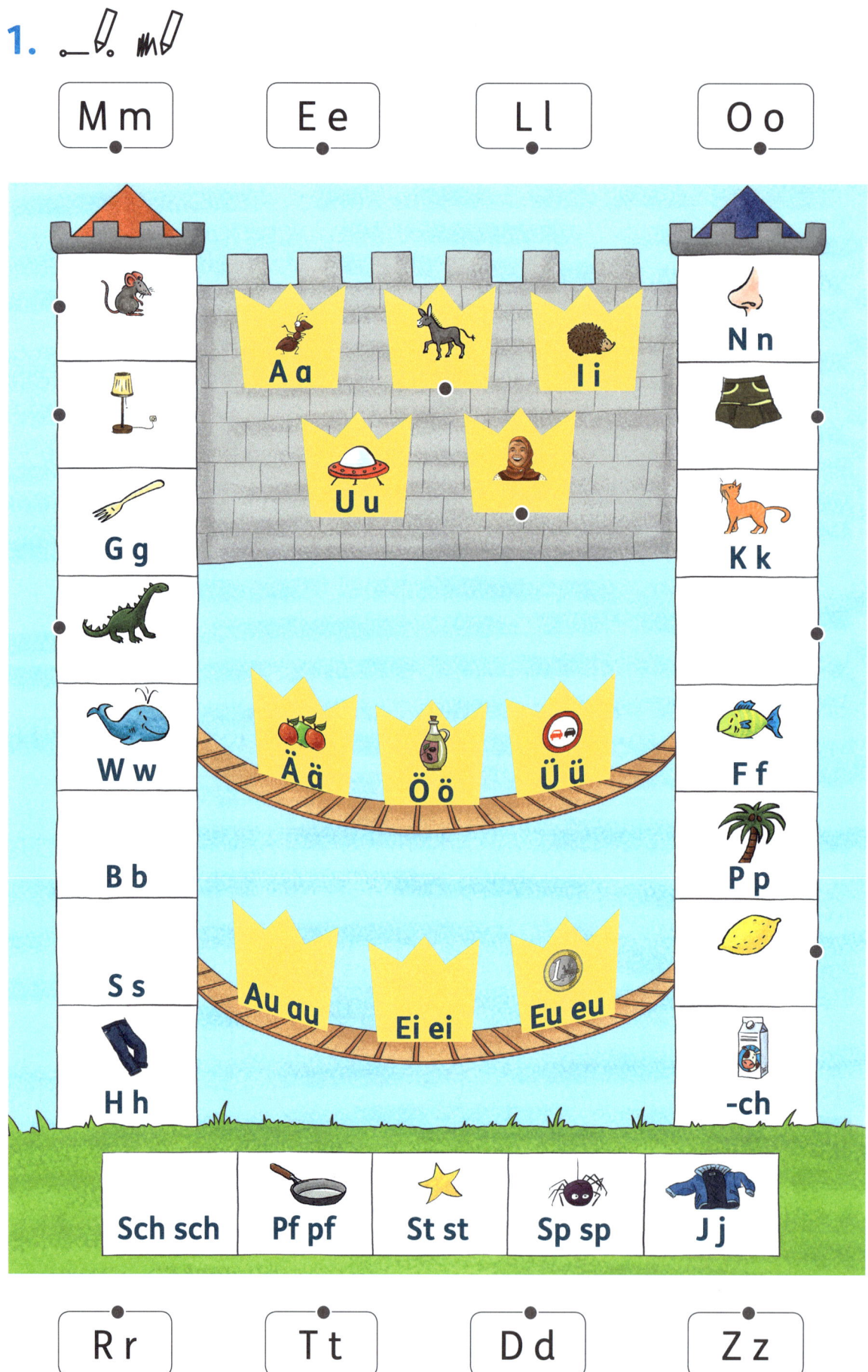

R r	T t	D d	Z z

1. fehlende Buchstaben der Lauttabelle zuordnen,
fehlende Bilder benennen und in die Tabelle malen

1. ✏️

U   I   Z   G

D   O   L   R

S   K   W   A

2. ✏️

N

1. Anlautbilder und Buchstaben verbinden
2. Buchstaben zum Anlautbild schreiben

Ich lese mit der Lauttabelle

1. ⌐○─

1. den Wortaufbau/die Synthese zweier einfacher und persönlich bedeutsamer Wörter mit Hilfe der Lauttabelle nachvollziehen

So heißen die Kinder in diesem Heft

R	a	m	i

E	l	i	n

Z	o	l	a

A	m	i	r

M	i	m	i

die Namen der Kinder in diesem Heft auf der Audio-CD anhören,
einzelne Buchstaben oder ganze Namen mit Hilfe der Lauttabelle erlesen

7

Zuhören und zeigen

1. 💿6 ☞

2. 💿7 ✗✏️

 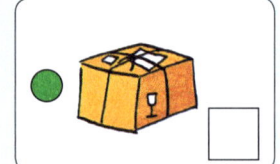 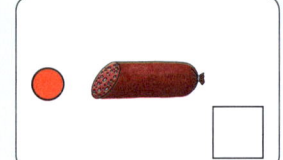 

  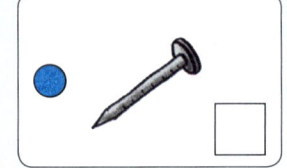

3. 🎲 Spiel 1, Spiel 3

---

4. 💿8 ☞

   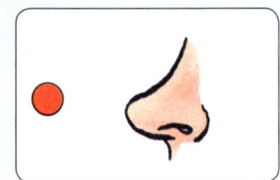

5. 🎲 Spiel 2

6. 💿9–16

alle neuen Abhör- und Lernwörter des Kapitels kennenlernen: Wörter auf der CD anhören und im Heft zeigen (1., 4.), Einzelwörter herausfinden (2.), Spiele mit den Bildkarten spielen (3., 5., Anleitung im Heftumschlag), Reime zu den Wörtern anhören (6.); Übungen ritualisiert wiederholen

Zuhören und schwingen

1. 🎵17 〜

den Silbenbegriff kennenlernen und das Schwingen üben:
1. silbische Sprechweise der Wörter auf der CD anhören und Silbenbögen nachvollziehen

9

M m

1.

2.

1. M und m nachspuren
2. M und m in Lineatur schreiben, Schreibrichtung beachten (siehe blauer Schreibrichtungspfeil)

1.

4

M

m

2. Mm

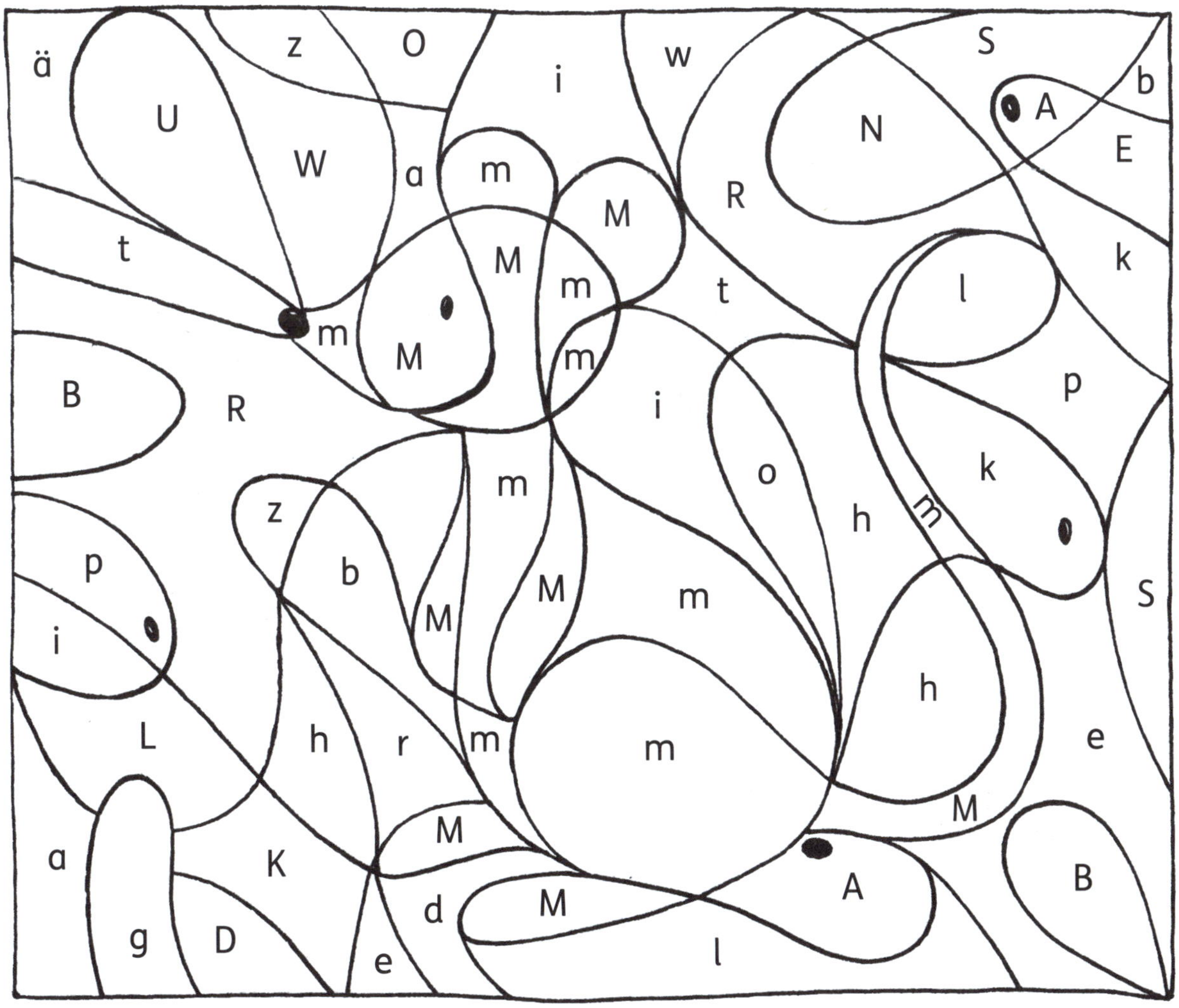

ä z O i w S b
U W a m N A E
t R M M m k
m M t m l
B R M m i p
z m o h m k
p b M M m S
i L h r m m h e
a K M M B
g D e d M A l

1. Wörter auf M/m abhören und einkreisen, Artikelpunkte ausmalen
2. alle Felder mit M und m ausmalen, Lösungsbild benennen

1. ✏ M m

M⟨a⟩m⟨a⟩   Lampe   Rami   Palme

Lama   Melone   Mimi   Maus

---

2. 〰 ✏ M m

M     m

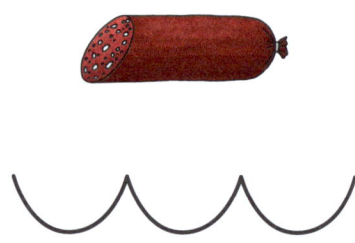   

1. M und m optisch diskriminieren und einkreisen
2. Wörter schwingen, M und m in den richtigen Silbenbogen eintragen

 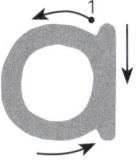

1. ✏️

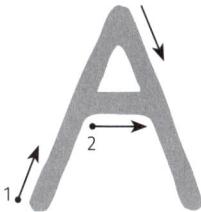

A

a

a

---

2. ✏️

A ⟶ A

a ⟶ a

Aa ⟶ Aa

am ⟶

---

1. 👂 ✏️ ✏️

A

a

---

2. ✏️ A a

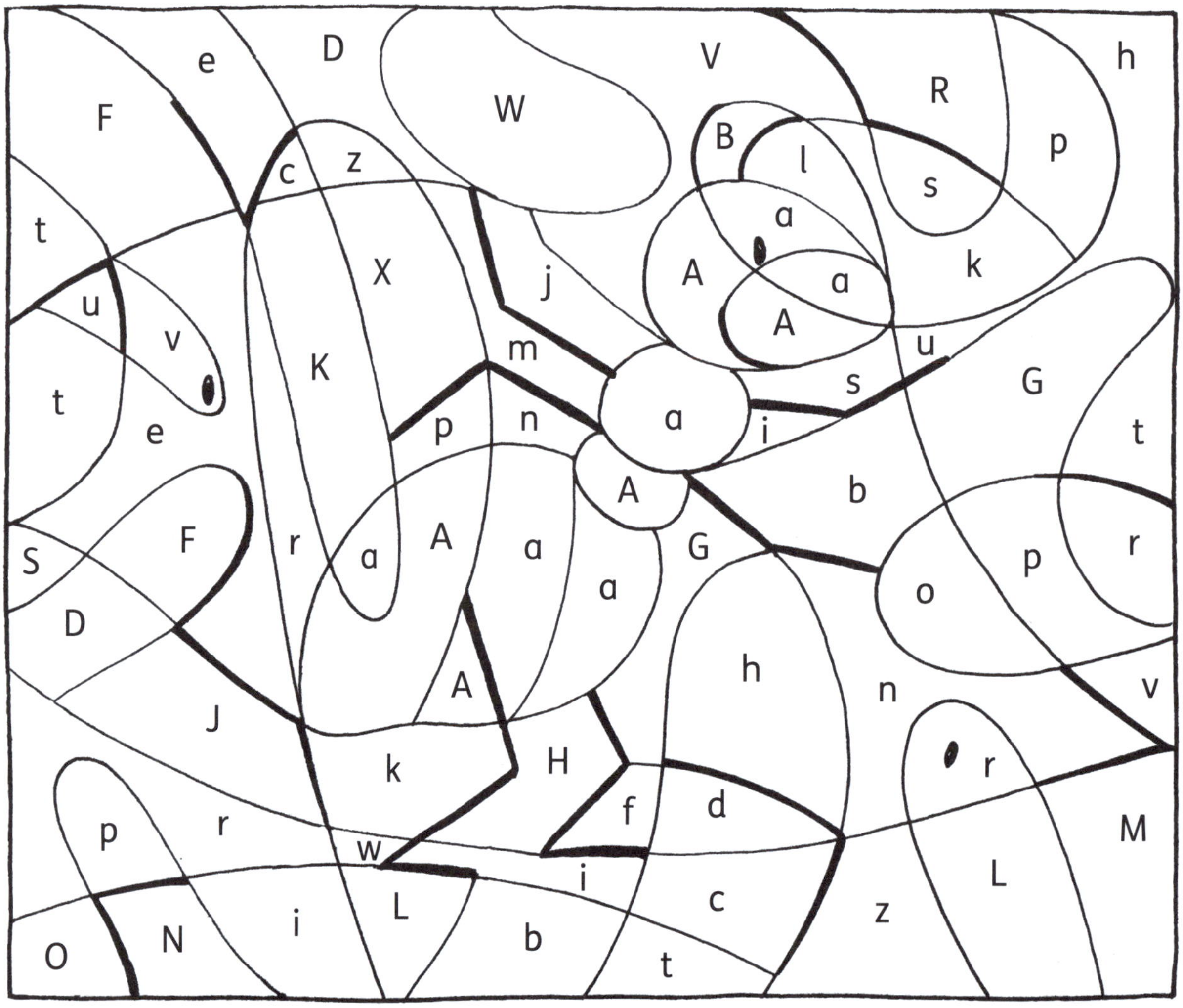

```
e        D              V              h
  F              W           B      R    p
     c  z                 l      s
t                 X       j    a
  u                         A      a    k
    v                          A
t      K             m              u
  e         p  n       a        s      G
                    A          i        t
S   F   r  a  A   a           b      p    r
  D                 a      G       o
                                          v
    J       A         h       n
      k      H                      r
  p  r   w       f   d              M
          L     i         c    z   L
O   N   i       b      t
```

1. Wörter auf A/a abhören und einkreisen, Artikelpunkte ausmalen
2. alle Felder mit A und a ausmalen, Lösungsbild benennen

1. ✏ A a

Ampel   Nase   Lama   malen

Salami   Ameise   Palme   alle

---

2. ∿ ✏ A a

⌣⌣⌣   ⌣⌣

⌣⌣   ⌣⌣

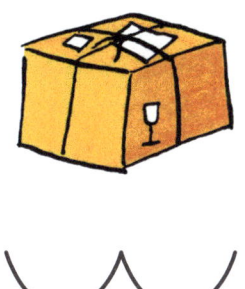 

⌣⌣   ⌣⌣⌣

1. A und a optisch diskriminieren und einkreisen
2. Wörter schwingen, A und a in den richtigen Silbenbogen eintragen

L l

1. 🖋

L   l

L   l

---

2. 🖋

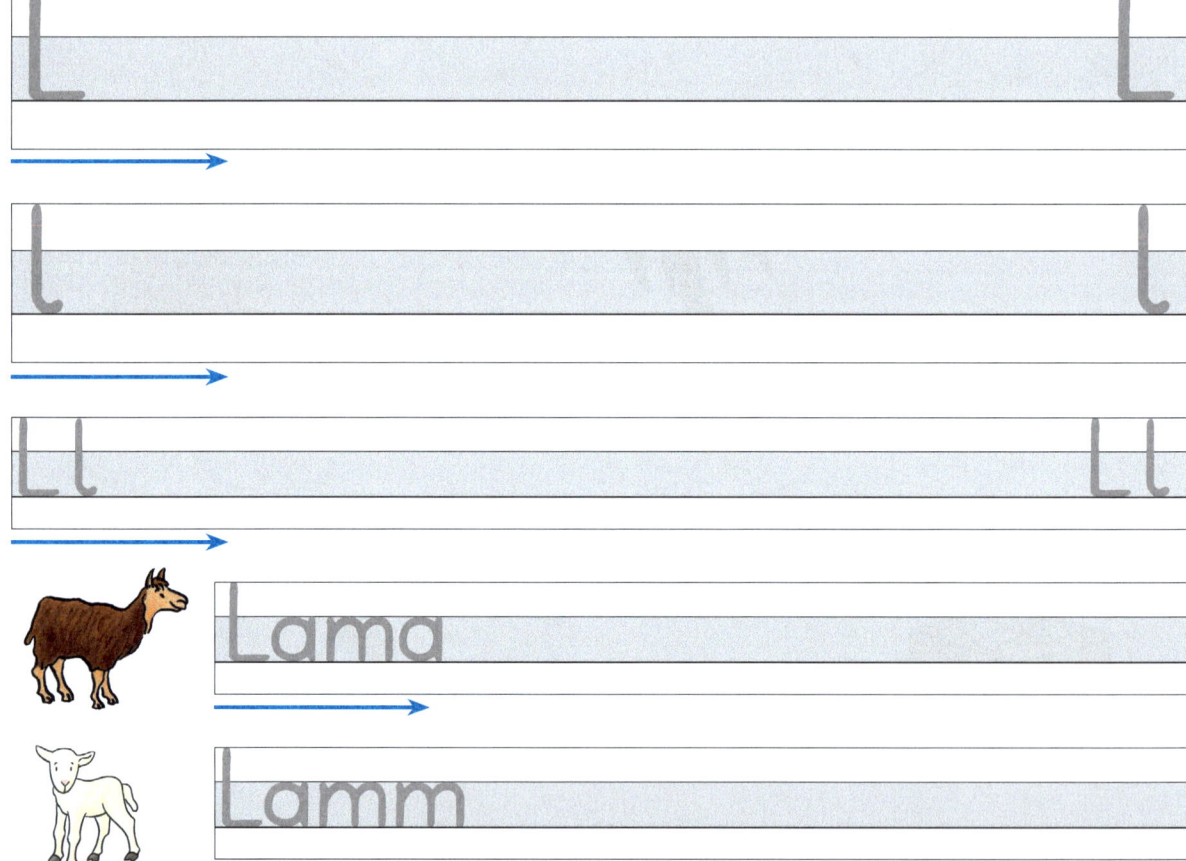

Lama

Lamm

1. L und l nachspuren
2. (Wörter mit) L und l in Lineatur schreiben, Schreibrichtung beachten

1. 👂 👁️ ✏️ ✏️

L

  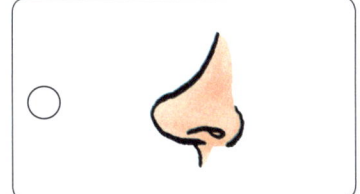

l

---

2. ✏️ L l

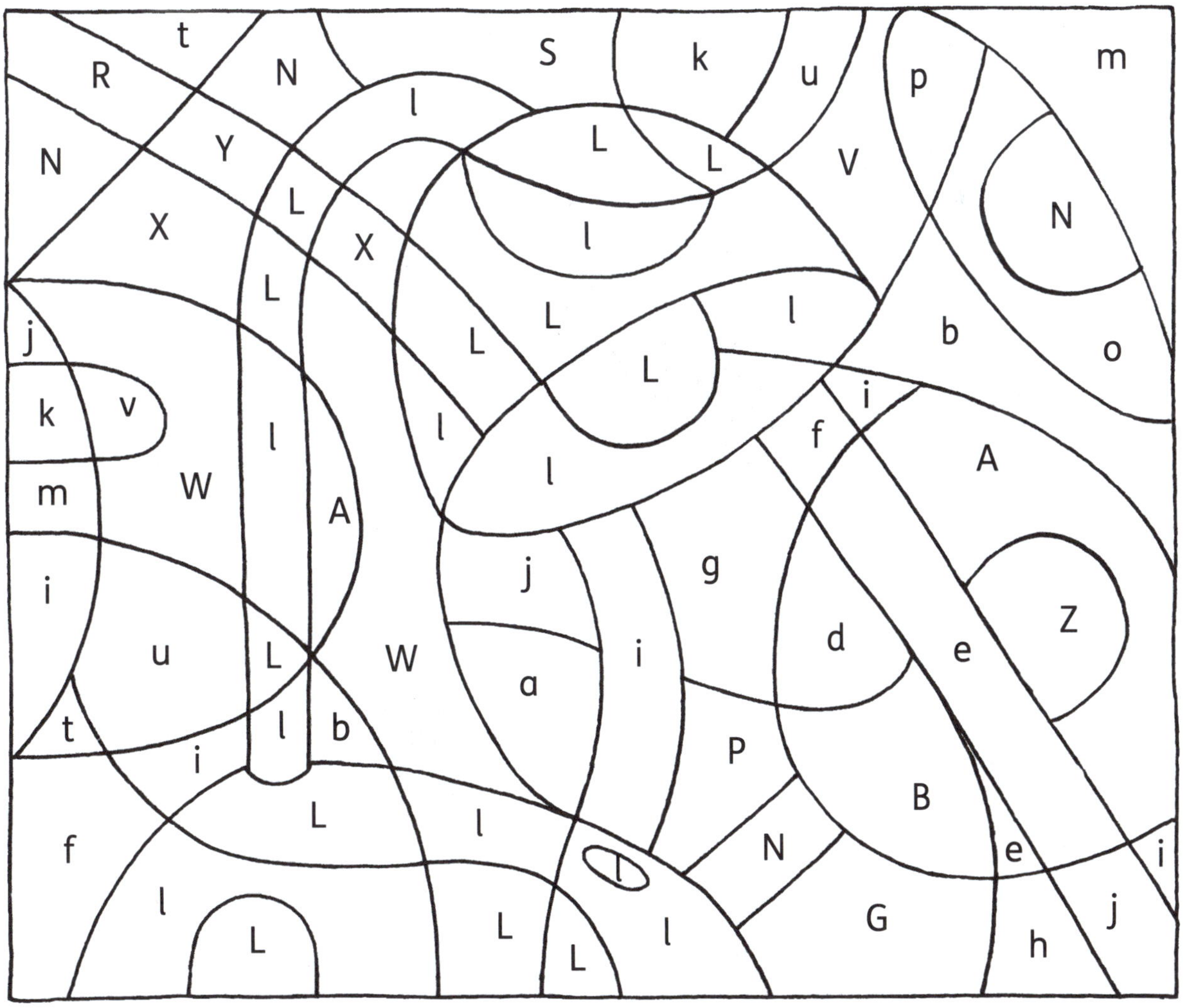

```
   t                    S        k    u    p              m
R        N           l                                
  N     Y          L              L        V
    X        X              l                    N
       L                                   l           b
 j            L        L                                o
 k   v      l         L       L                  i
 m      W        A         l          f              A
 i                     l                         
   u      L   W      j        g             d    e    Z
 t      l  b      a        i              P
    i        L        l               N          B      e    i
 f                                        G           j
   l    L              L        l                  h
              L
```

1. Wörter auf L/l abhören und einkreisen, Artikelpunkte ausmalen
2. alle Felder mit L und l ausmalen, Lösungsbild benennen

17

1.  LI

Lama   Lampe   malen   Igel

Ampel   Palme   Elefant   leise

---

2. LI

1. L und l optisch diskriminieren und einkreisen
2. Wörter schwingen, L und l in den richtigen Silbenbogen eintragen

1. ✏️

2. ✏️

im

lila

1.

 I

i

---

2. I i

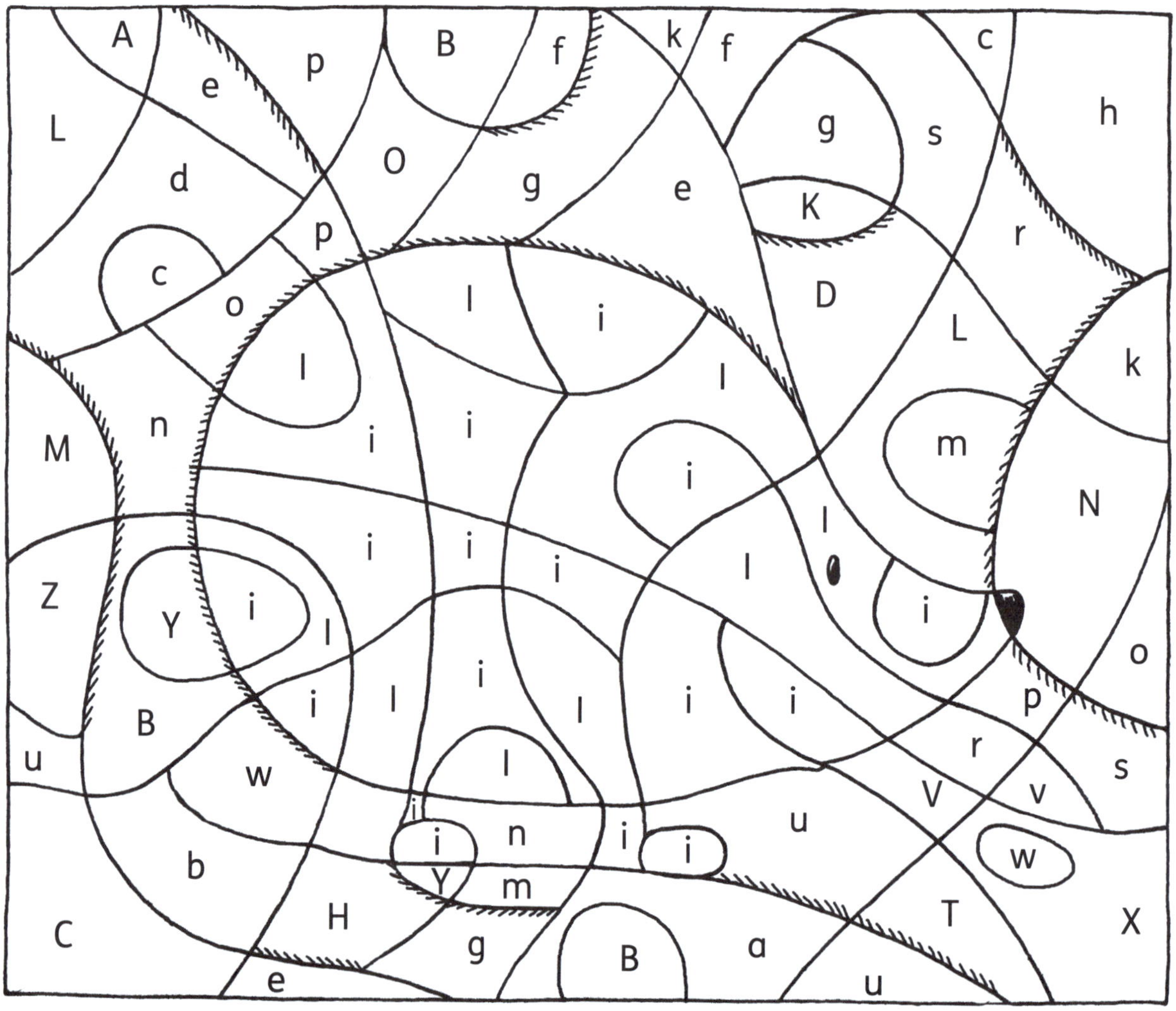

1. Wörter auf I/i abhören und einkreisen, Artikelpunkte ausmalen
2. alle Felder mit I und i ausmalen, Lösungsbild benennen

1. o|li

8

Insel   Dino   Pinsel   im

Salami   Amir   Elin   Igel

---

2. ⌣⌣ |li

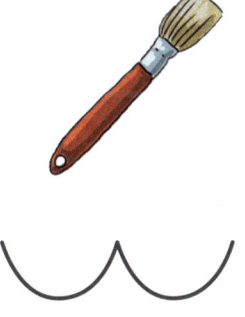

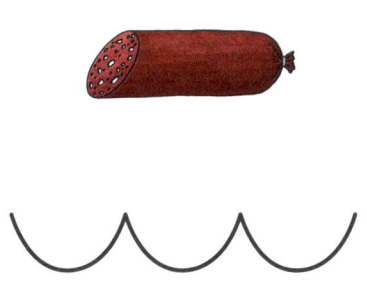

Mimi

1. I und i optisch diskriminieren und einkreisen
2. Wörter schwingen, I und i in den richtigen Silbenbogen eintragen

Nn

1. ✎

2. ✏

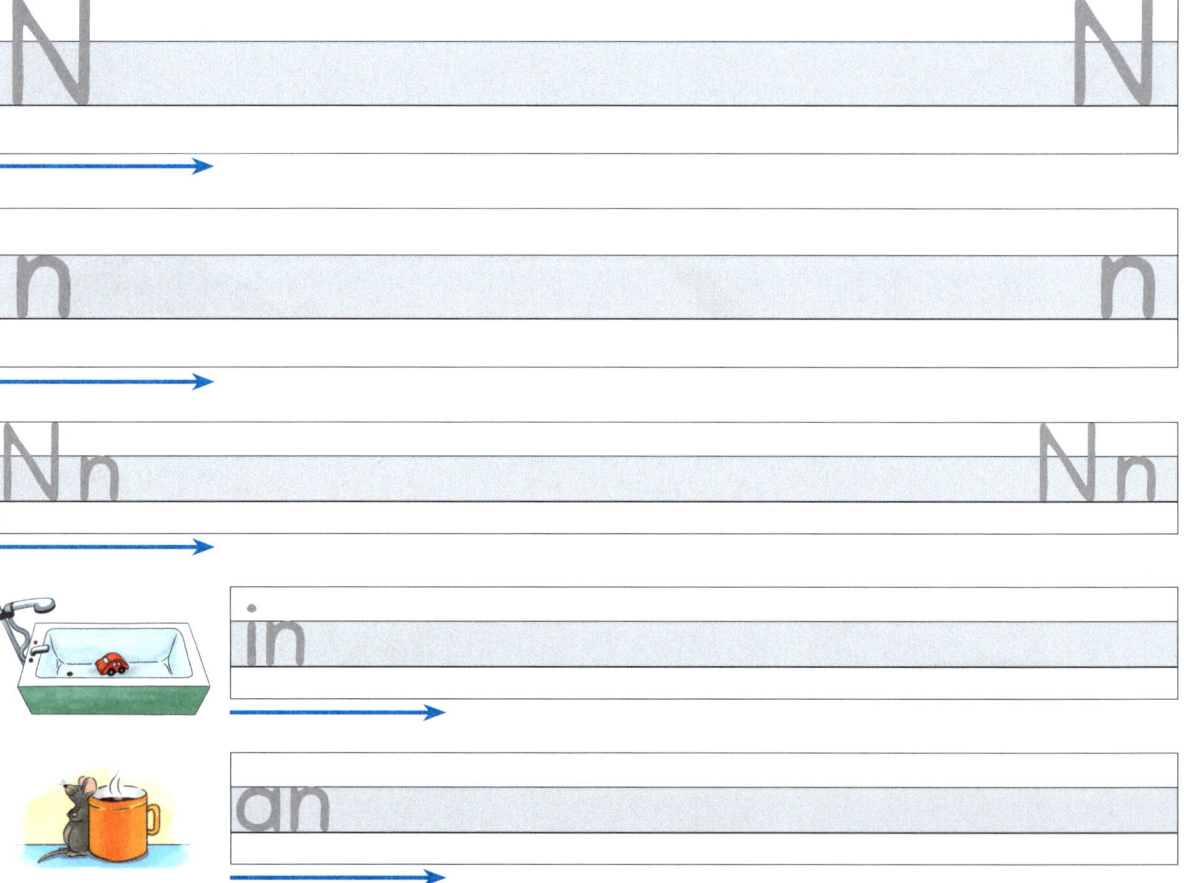

1. N und n nachspuren
2. (Wörter mit) N und n in Lineatur schreiben, Schreibrichtung beachten

1.

N

 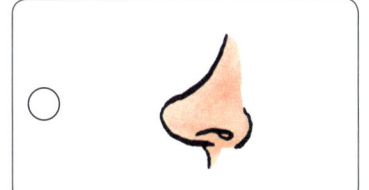 

n

2. N n

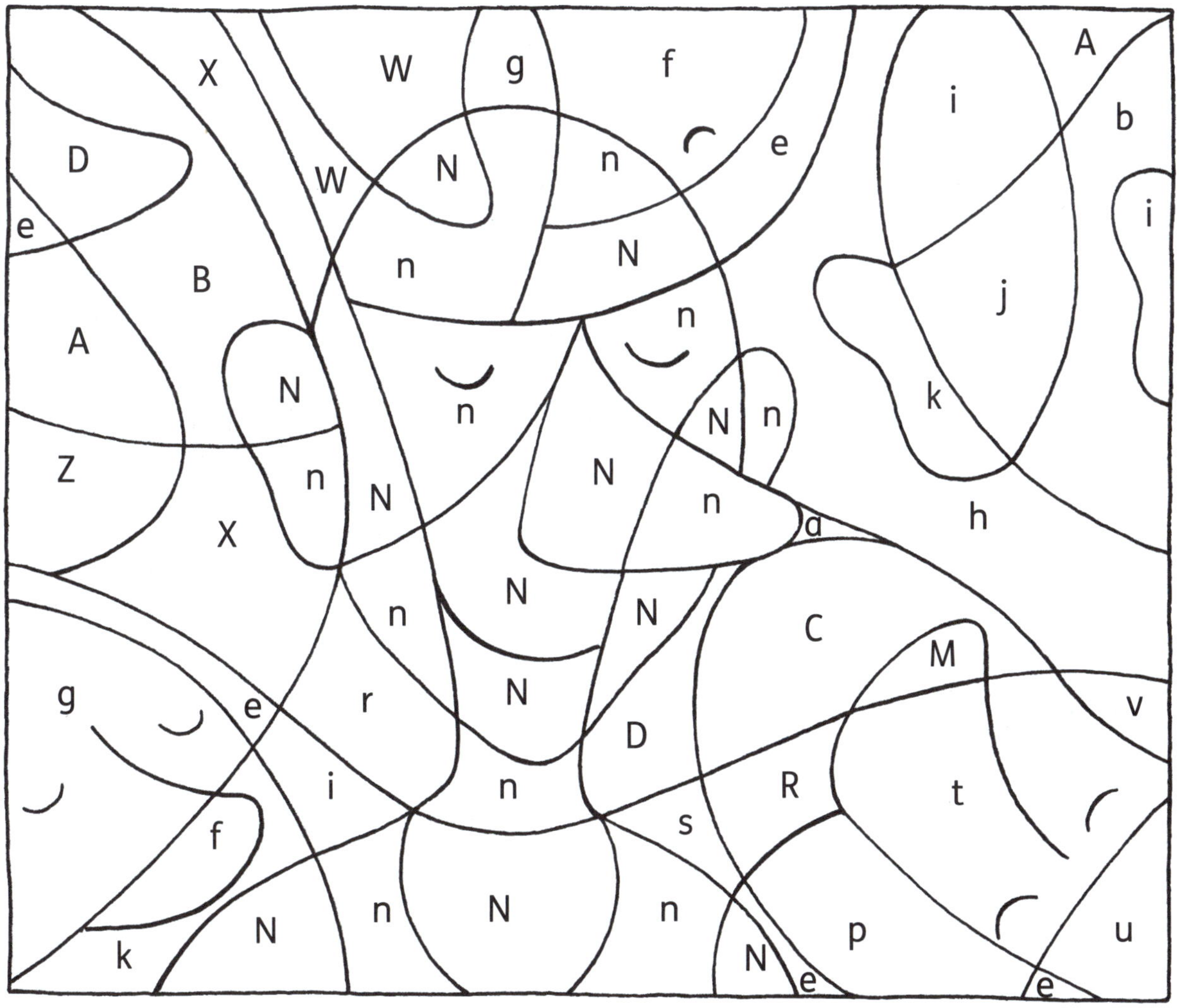

1. Wörter auf N/n abhören und einkreisen, Artikelpunkte ausmalen
2. alle Felder mit N und n ausmalen, Lösungsbild benennen

1. o N n

Elin   Nase   neben   Dino

Melone   in   Elefant   Nagel

---

2. N n

1. N und n optisch diskriminieren und einkreisen
2. Wörter schwingen, N und n in den richtigen Silbenbogen eintragen

1. 🖊

E   e

E   e

2. 🖊

E   E

e   e

Ee   Ee

malen

Elin

---

1. 👂 ○✏ ✏✏

E

 ○  ○ 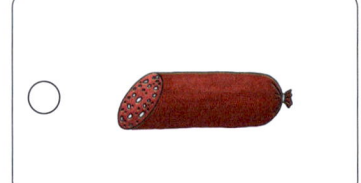 ○

e

 ○  ○  ○

2. ✏ E e

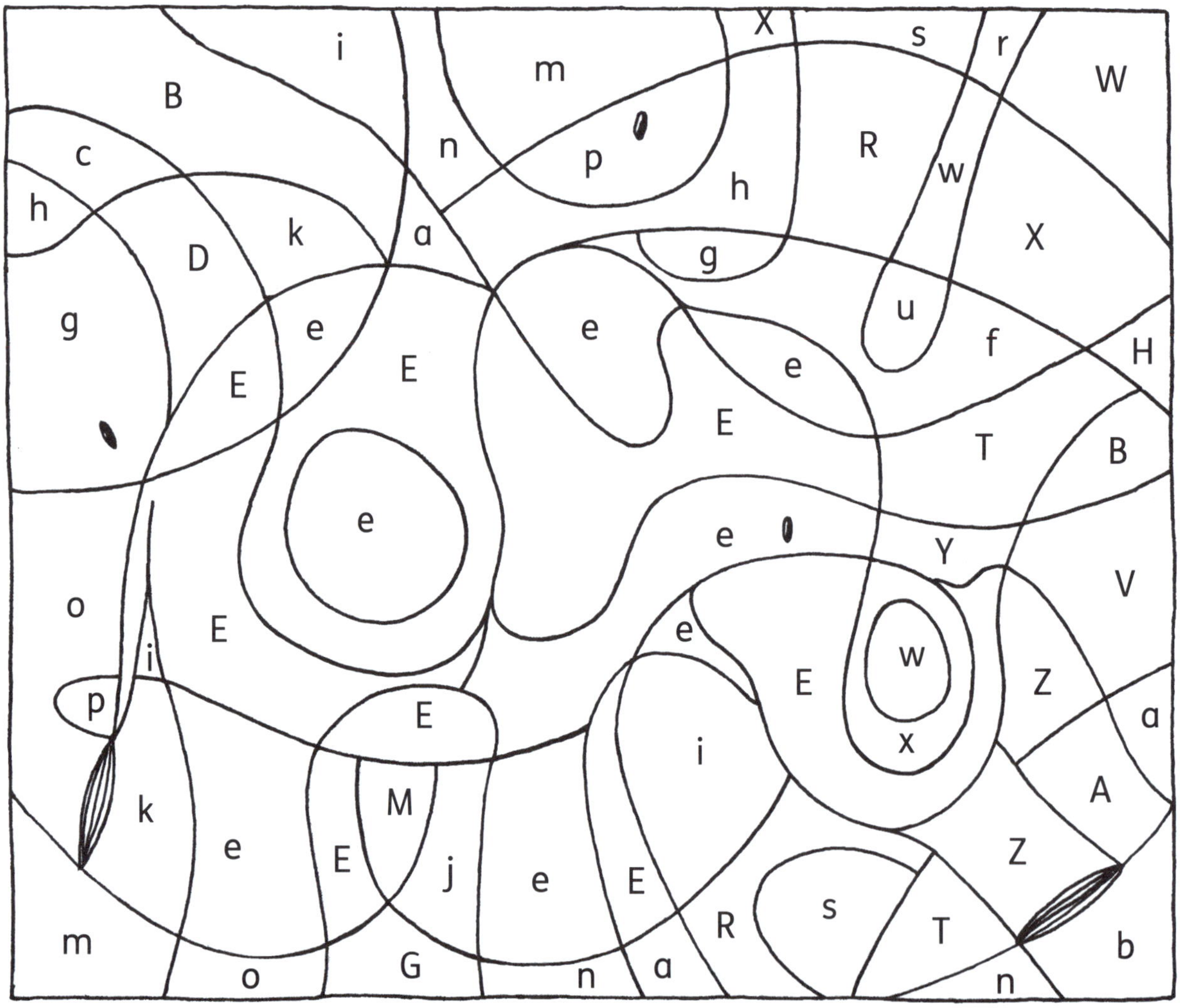

```
                    i              m                X      s   r        W
         B                   n          p                      R
      c                                          h                  w
   h                k      a                                             X
      D                               g                         u
   g                                                                 f      H
         E         E              e              e
                                          E                        T        B
            e                                        e
   o     E                                       e                Y         V
                                                               w
      p  i                                                  E          Z
            E              E                      i             x          a
      k         M                                                           A
         e    E       j      e     E                              Z
   m                                             s        T            b
         o        G              n    a                      n
```

1. Wörter auf E/e abhören und einkreisen, Artikelpunkte ausmalen
2. alle Felder mit E und e ausmalen, Lösungsbild benennen

1. ✏ E e

Pinsel   essen   Esel   Melone

Elin   Lampe   Paket   er

---

2. ✏ E e

1. E und e optisch diskriminieren und einkreisen
2. Wörter schwingen, E und e in den richtigen Silbenbogen eintragen

Lesen

1.

L	a	m	a

M	a	m	a

m	a	l	e	n

l	i	l	a

1. Wörter aus bekannten Buchstaben mit Hilfe der Lauttabelle lesen

Schreiben

1.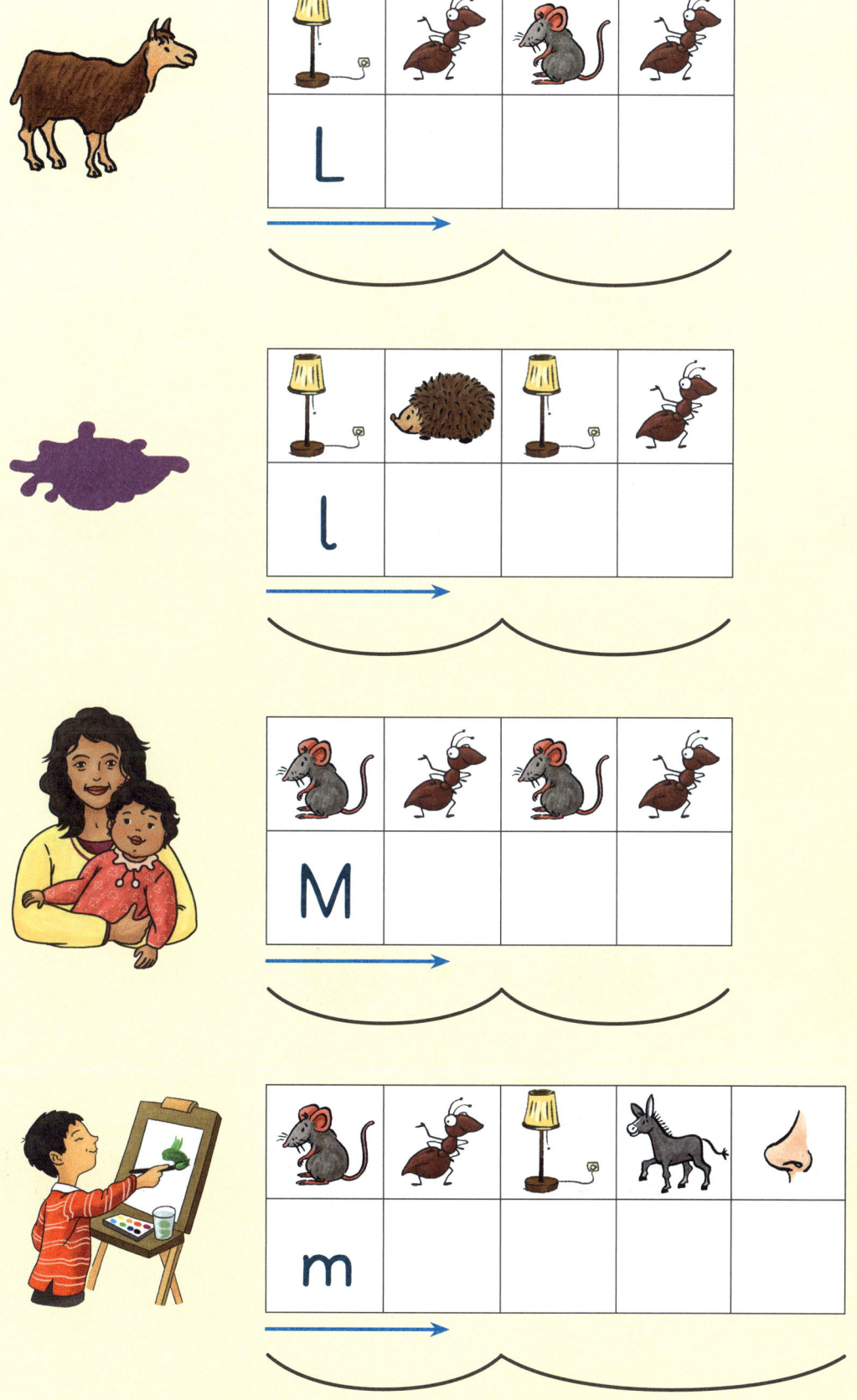

Zuhören und zeigen

1. ⊙ 18 ☞

2. ⊙ 19 ✗ ✏

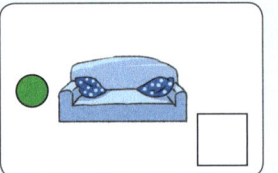 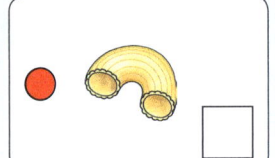  

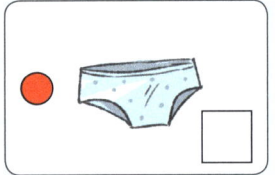   

  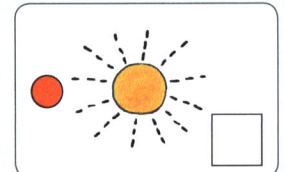 

3. ⚃ Spiel 1, Spiel 3

---

4. ⊙ 20 ☞

  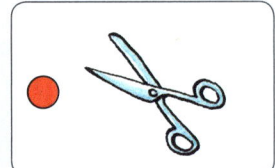 

5. ⚃ Spiel 2

6. ⊙ 21–28

alle neuen Abhör-und Lernwörter des Kapitels kennenlernen: Wörter auf der CD anhören und im Heft zeigen (1., 4.), Einzelwörter herausfinden (2.), Spiele mit den Bildkarten spielen (3., 5., Anleitung im Heftumschlag), Reime zu den Wörtern anhören (6.); Übungen ritualisiert wiederholen

S s

1.

S s

S s

2.

S S

s s

es

 Nase

 lesen

1. S und s nachspuren
2. (Wörter mit) S und s in Lineatur schreiben, Schreibrichtung beachten

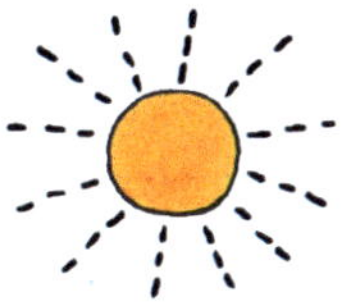

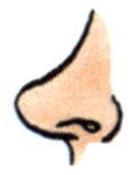

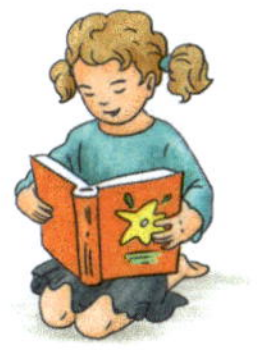

1.

S

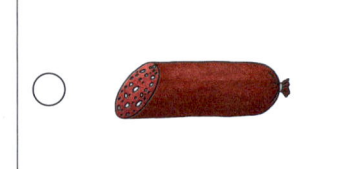

s

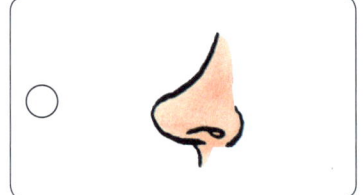

2.

S M a s m L S A e s S i S

Insel   Salami   es

Esel   Nase

lesen   essen   nass

1. Wörter auf S/s abhören und einkreisen, Artikelpunkte ausmalen
2. (Wörter mit) S und s lesen, S/s optisch diskriminieren und einkreisen

1. ⠉ ✎ s s

---

2. ▤

1. Wörter schwingen, S und s in den richtigen Silbenbogen eintragen
2. Wörter mit Hilfe der Lauttabelle schreiben; Zusatzaufgabe: Wörter ins Heft schreiben

33

Tt

1. 🖊

T   t

T   t

2. 🖊

T   T

t   t

ist

Ente

Tasse

1. T und t nachspuren
2. (Wörter mit) T und t in Lineatur schreiben, Schreibrichtung beachten

1.

T

t

---

2. T t

N T t n s T A t i n t T a

Tasse   Liste   ist

Tim   Tante

Tal   Ente   Tinte

1. Wörter auf T/t abhören und einkreisen, Artikelpunkte ausmalen
2. (Wörter mit) T und t lesen, T/t optisch diskriminieren und einkreisen

1. ‿ ✏ T t

---

2. 🗒

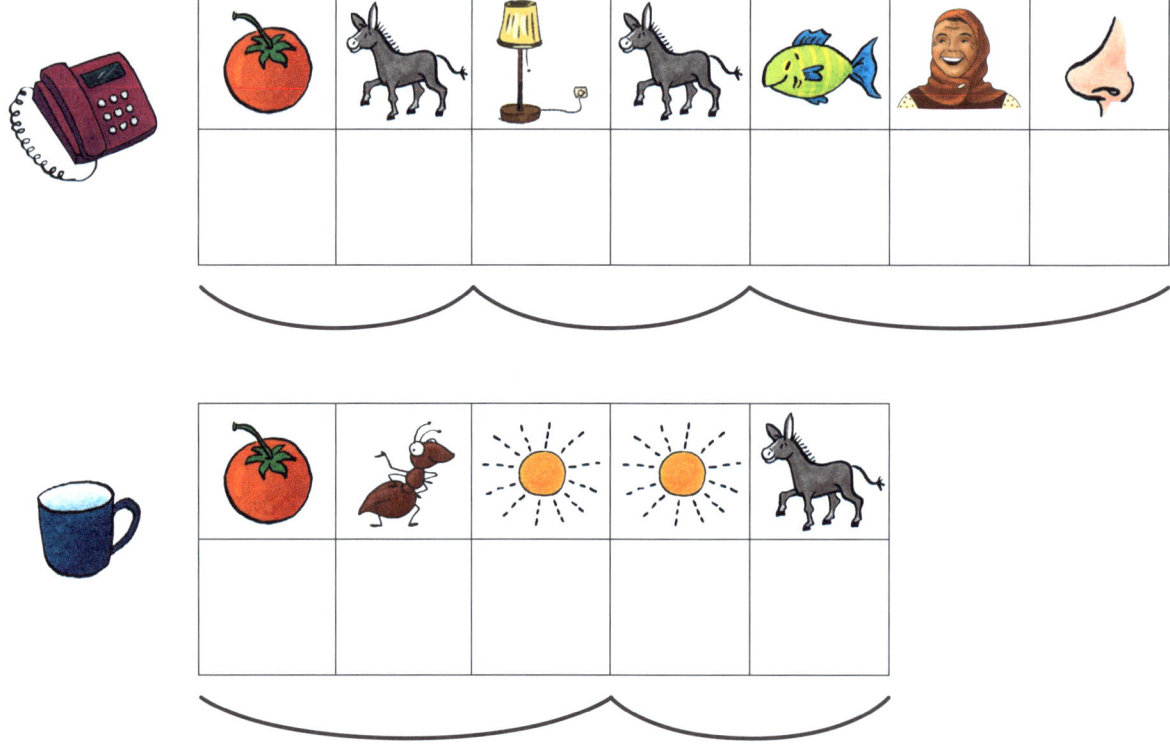

1. Wörter schwingen, T und t in den richtigen Silbenbogen eintragen
2. Wörter mit Hilfe der Lauttabelle schreiben; Zusatzaufgabe: Wörter ins Heft schreiben

 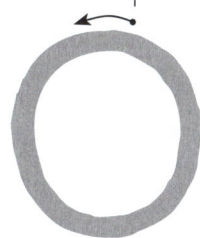

1. 🖉

O o

O o

2. 🖉

O

O

Oma

toll

los

1. 👂 ✏️ ✏️

o

o

---

2. 👓 ✏️ O o

13

O E l i o S o O N m o e E

Oma   los   Tomate

Limo   toll

Sonne   Melone   so

1. Wörter auf O/o abhören und einkreisen, Artikelpunkte ausmalen
2. (Wörter mit) O und o lesen, O/o optisch diskriminieren und einkreisen

1. ✏️

2. 🗒️

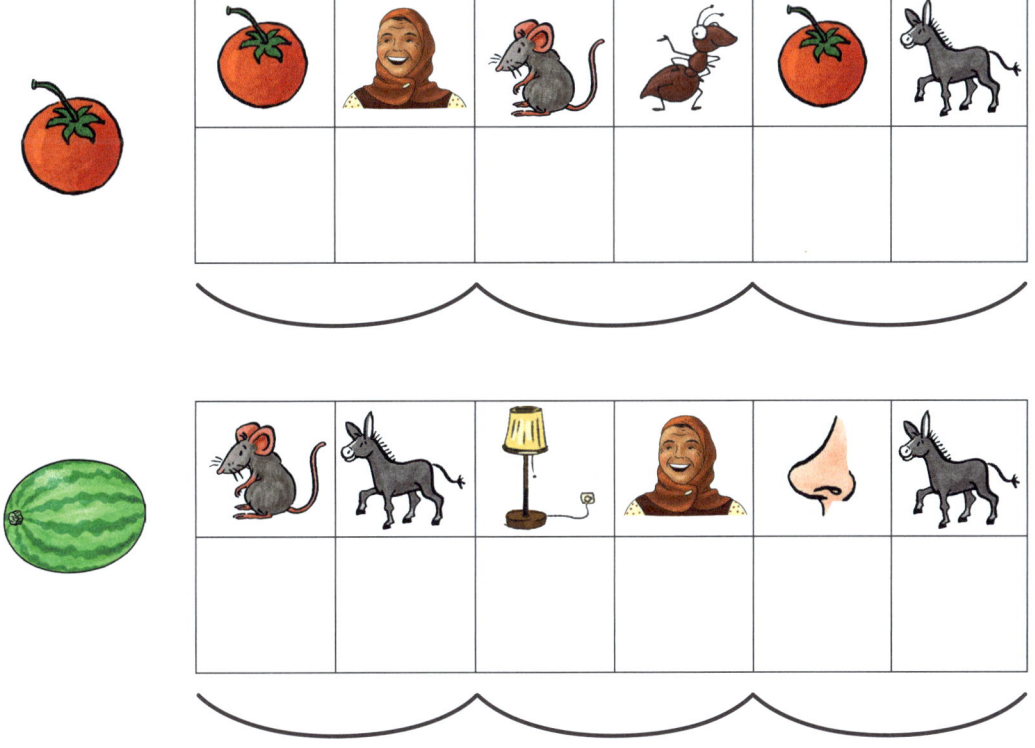

1. Wörter schwingen, O und o in den richtigen Silbenbogen eintragen
2. Wörter mit Hilfe der Lauttabelle schreiben; Zusatzaufgabe: Wörter ins Heft schreiben

39

R r

1. 🖊

R R

r r

R R

r r

---

2. 🖊

R   R

r   r

er

rot

Tor

1. R und r nachspuren
2. (Wörter mit) R und r in Lineatur schreiben, Schreibrichtung beachten

1. 

R

r

---

2.  R r

O r e A R s r i i L e o R

Rose   rot   rosa

raten   Rasen

er   Roller   Arm

1. Wörter auf R/r abhören und einkreisen, Artikelpunkte ausmalen
2. (Wörter mit) R und r lesen, R/r optisch diskriminieren und einkreisen

1. ‿ ✏ R r

2. 🗒

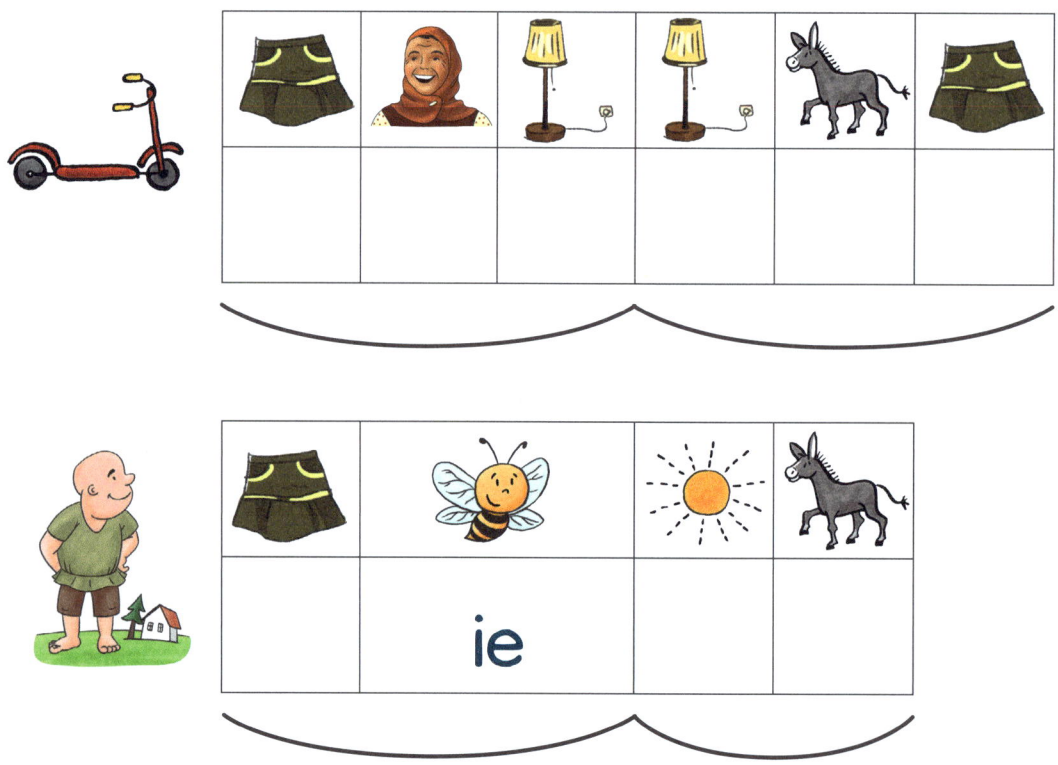

ie

1. Wörter schwingen, R und r in den richtigen Silbenbogen eintragen
2. Wörter mit Hilfe der Lauttabelle schreiben; Zusatzaufgabe: Wörter ins Heft schreiben

 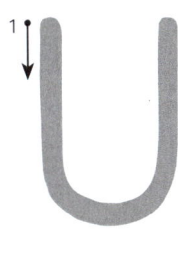

1. ✏️

U u

U u

---

2. ✏️

U   U

u   u

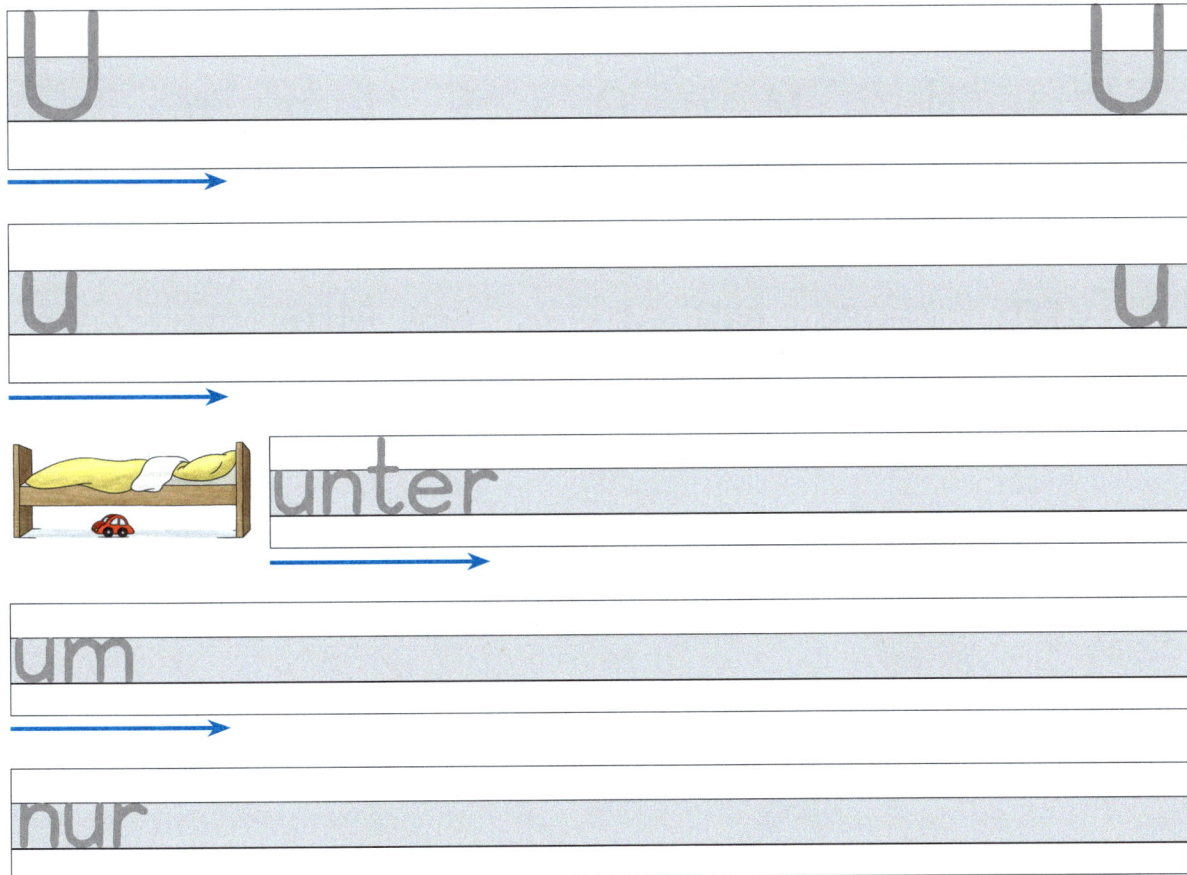

unter

um

nur

1.

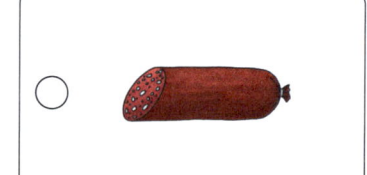

U

u

---

2.  U u

L u U r M u O i S U m n

Turm   Mutter   Murmel

Mut   unten

turnen   nur   null

1. Wörter auf U/u abhören und einkreisen, Artikelpunkte ausmalen
2. (Wörter mit) U und u lesen, U/u optisch diskriminieren und einkreisen

1. ‿ ✎ U u

2. ▤

1. Wörter schwingen, U und u in den richtigen Silbenbogen eintragen
2. Wörter mit Hilfe der Lauttabelle schreiben; Zusatzaufgabe: Wörter ins Heft schreiben

45

Lesen

1.

T	a	s	s	e

M	e	l	o	n	e

R	o	l	l	e	r

2.

☐ Amir mit Mama   ☐ rosa Roller

☐ Amir mit Ente   ☐ roter Roller

☐ Amir mit Elin   ☐ lila Roller

1. Wörter aus bekannten Buchstaben mit Hilfe der Lauttabelle lesen
2. Wortgruppen aus bekannten Buchstaben lesen und mit dem Bild abgleichen, Lösung ankreuzen

Könige kennenlernen

Aa Ee Ii Oo Uu

Das sind die Könige.

1.

R a m i

M e l o n e

M u r m e l

die Selbstlaute A/a, E/e, I/i, O/o und U/u als Könige kennenlernen:
1. Wörter aus bekannten Buchstaben lesen und Königsmarkierung der Selbstlaute kennenlernen

47

 # Könige finden und markieren

1. ✎ A E I O U   `13`

A L M I N E O T U A S M

U E R L O A T I S N E U

---

2. ✎ a e i o u   `11`

i n a a m t s o m e n u

a e e n m s r i n r r e

---

3. 👓 ✎   `6`

R	o	l	l	e	r

N	a	s	e

I	n	s	e	l

1. die Könige A, E, I, O, U optisch diskriminieren
2. die Könige a, e, i, o, u optisch diskriminieren
3. in Lesewörtern aus bekannten Buchstaben die Könige markieren

Könige schreiben

Jede Silbe hat einen König.

1.

a a a a a e e i ø

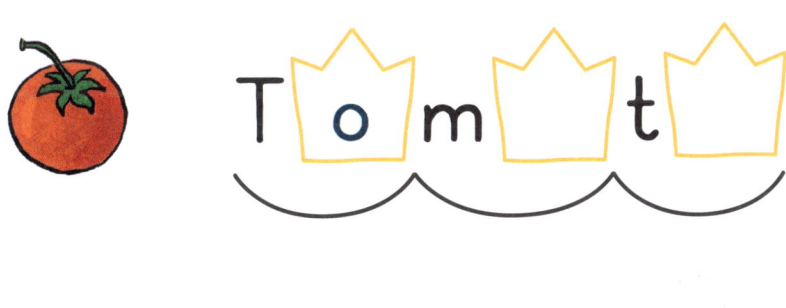

T o m t

N s

S l m

Die Regel kennen: Jede Silbe hat einen Selbstlaut (König).
1. die vorgegebenen Silbenkönige in Wörter aus bekannten Buchstaben einsetzen

49

Zuhören und zeigen

1. 🎧 29 ☞

2. 🎧 30 ✕ ✎

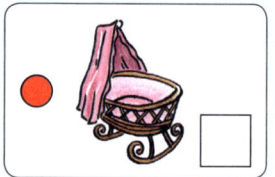   

3. 🎲 Spiel 1, Spiel 4

---

4. 🎧 31 ☞

  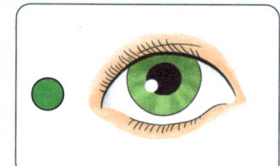 

  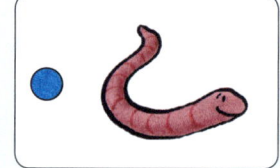 

5. 🎲 Spiel 2, Spiel 3

6. 🎧 32–39

alle neuen Abhör- und Lernwörter des Kapitels kennenlernen: Wörter auf der CD anhören und im Heft zeigen (1., 4.), Einzelwörter herausfinden (2.), Spiele mit den Bildkarten spielen (3., 5., Anleitung im Heftumschlag), Reime zu den Wörtern anhören (6.); Übungen ritualisiert wiederholen

B b

1. ✎

B   b

B   b

---

2. ✎

B   B

b   b

aber

Bus

Ball

1. B und b nachspuren
2. (Wörter mit) B und b in Lineatur schreiben, Schreibrichtung beachten

1. 👂 🖊

B

b

---

2. 👓 🖊 B b

B   b   r   U   b   s   S   l   i   B   n   M

Banane   bunt   Brille

Roboter   neben

Rabe   Blume   Ball

1. Wörter auf B/b abhören und einkreisen, Artikelpunkte ausmalen
2. (Wörter mit) B und b lesen, B/b optisch diskriminieren und einkreisen

1.

 R  b t r

 B  n n

---

2.

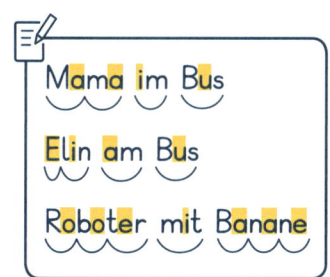

Mama im Bus

Elin am Bus

Roboter mit Banane

1. die vorgegebenen Silbenkönige in Wörter aus bekannten Buchstaben einsetzen

2. Wörter mit Hilfe der Lauttabelle schreiben;
Zusatzaufgabe: Wortgruppen abschreiben, Silbenbögen einzeichnen und Könige markieren

53

W w

1.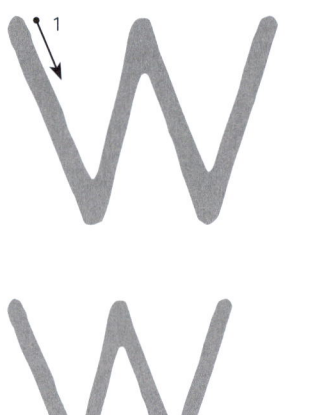

W w

W w

2.

W   W

w   w

wer

was

wo

1. W und w nachspuren
2. (Wörter mit) W und w in Lineatur schreiben, Schreibrichtung beachten

1.

W

w

---

2.  W w

U B w i e w W n m M W r

Wal   wer   warum

wollen   warm

wann   wissen   Wurm

1. Wörter auf W/w abhören und einkreisen, Artikelpunkte ausmalen
2. (Wörter mit) W und w lesen, W/w optisch diskriminieren und einkreisen

55

1. ✏️

W⬡l

W⬡rm

---

2. 🗒️

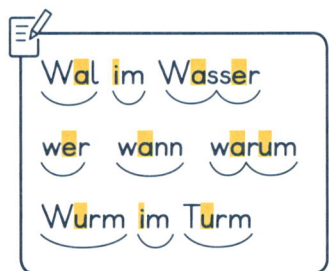

Wal im Wasser

wer wann warum

Wurm im Turm

1. die vorgegebenen Silbenkönige in Wörter aus bekannten Buchstaben einsetzen
2. Wörter mit Hilfe der Lauttabelle schreiben;
Zusatzaufgabe: Wörter und Wortgruppen abschreiben, Silbenbögen einzeichnen und Könige markieren

D d

1. 🖊

D   d

D   d

---

2. 🖊

D   D

d   d

da

der

Dino

1.

D

d

---

2. D d

R d w w D D o L A D O u

Dose　　　　dort　　　　Dino

dann　　　baden

damit　　　Nudel　　　das

1. Wörter auf D/d abhören und einkreisen, Artikelpunkte ausmalen
2. (Wörter mit) D und d lesen, D/d optisch diskriminieren und einkreisen

1.  e i o u

 D ☐ n ☐

 N ☐ d ☐ l

---

2. 🗒

Rami mit Rad
Elin badet.
Nudeln mit Tomaten

1. die vorgegebenen Silbenkönige in Wörter aus bekannten Buchstaben einsetzen
2. Wörter mit Hilfe der Lauttabelle schreiben;
Zusatzaufgabe: Wortgruppen und Satz abschreiben, Silbenbögen einzeichnen und Könige markieren

H h

1. ✏️

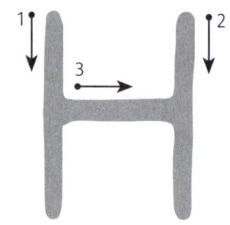 

2. ✏️

er hat

Hand

Hose

1. H und h nachspuren
2. (Wörter mit) H und h in Lineatur schreiben, Schreibrichtung beachten

1.

H

h

2.

H h o h H M N m n r R S

Hose   hart   Hase

hinter   sehen

husten   Hut   hin

1. Wörter auf H/h abhören und einkreisen, Artikelpunkte ausmalen
2. (Wörter mit) H und h lesen, H/h optisch diskriminieren und einkreisen

61

1.

 H __ t

 H __ s __

2.

1. die vorgegebenen Silbenkönige in Wörter aus bekannten Buchstaben einsetzen
2. Wörter mit Hilfe der Lauttabelle schreiben;
Zusatzaufgabe: Wortgruppen abschreiben, Silbenbögen einzeichnen und Könige markieren

G g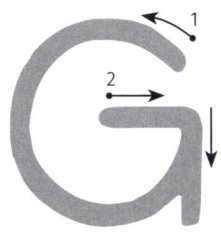

1. ✏️

G
G

g
g

---

2. ✏️

G　　　　　　　　　　　　　　G

g　　　　　　　　　　　　　　g

Glas

gut

sagen

1.

G

g
  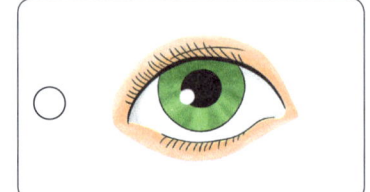

---

2.  G g

g o B b g G R G E e s m

geben   gut   Igel

Glas   Gabel

Nagel   sagen   gern

1. Wörter auf G/g abhören und einkreisen, Artikelpunkte ausmalen
2. (Wörter mit) G und g lesen, G/g optisch diskriminieren und einkreisen

1.

2.

1. die vorgegebenen Silbenkönige in Wörter aus bekannten Buchstaben einsetzen
2. Wörter mit Hilfe der Lauttabelle schreiben;
Zusatzaufgabe: Wörter und Satz abschreiben, Silbenbögen einzeichnen und Könige markieren

F f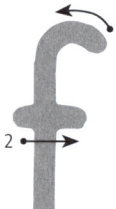

1.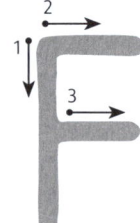

F   f

F   f

2.

F   F

f   f

rufen

Foto

Affe

1. F und f nachspuren
2. (Wörter mit) F und f in Lineatur schreiben, Schreibrichtung beachten

1.

F

f

---

2.  F f

M m f T G F a W u L f F

rufen   Giraffe   helfen

Delfin   fragen

Sofa   fallen   Feder

1. Wörter auf F/f abhören und einkreisen, Artikelpunkte ausmalen
2. (Wörter mit) F und f lesen, F/f optisch diskriminieren und einkreisen

67

1.

T **e** l **e** f **o** n

F **e** d **e** r

2.

rufen   fragen   helfen

Amir hilft Elin.

Mama ruft Oma.

1. in Wörter aus bekannten Buchstaben die vorgegebenen Silbenkönige einsetzen
2. Wörter mit Hilfe der Lauttabelle schreiben;
Zusatzaufgabe: Wörter und Sätze abschreiben, Silbenbögen einzeichnen und Könige markieren

Lesen

1. ✏️

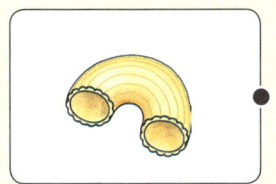   •   • | H | a | s | e |
|---|---|---|---|

   •   • | N | u | d | e | l |
|---|---|---|---|---|

   •   • | G | a | b | e | l |
|---|---|---|---|---|

---

2. ✏️

☐ Elin und Mama

☐ Mama und Hase

☐ Mama und Mimi

☐ gelbe Dose

☐ gelber Hase

☐ gelbe Hose

1. Wörter aus bekannten Buchstaben mit Hilfe der Lauttabelle lesen und Bild zuordnen
2. Wortgruppen aus bekannten Buchstaben lesen und mit dem Bild abgleichen, Lösung ankreuzen

Lesen und malen

1.

gelbe Dose

rote Hose

Elefant mit Banane

Gabel mit Nudel

Dino im Bus

Giraffe mit Hut

1. Wortgruppen aus bekannten Buchstaben lesen,
       Zeichnungen ausmalen und vervollständigen

Zuhören und zeigen

1. 🎧 40 ☞

2. 🎧 41 ✗ ✏

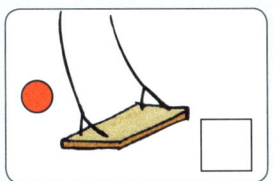  

  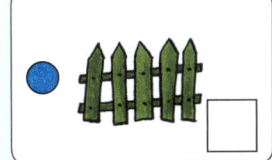

3. 🎲 Spiel 2, Spiel 3

---

4. 🎧 42 ☞

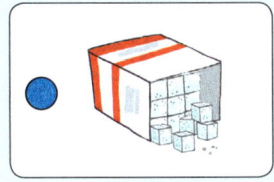   

5. 🎲 Spiel 4

6. 🎧 43–49

alle neuen Abhör- und Lernwörter des Kapitels kennenlernen: Wörter auf der CD anhören und im Heft zeigen (1., 4.), Einzelwörter herausfinden (2.), Spiele mit den Bildkarten spielen (3., 5., Anleitung im Heftumschlag), Reime zu den Wörtern anhören (6.); Übungen ritualisiert wiederholen

1. 🖊

Au — Au

au — au

laut

blau

Maus

Auto

Baum

Auge

Haus

1. (Wörter mit) Au und au in Lineatur schreiben, Schreibrichtung beachten

1.

Au

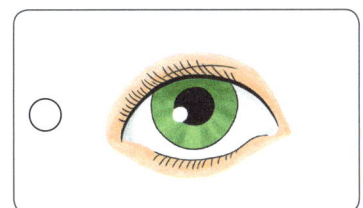  

au

 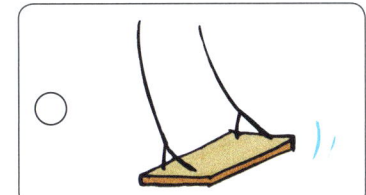 

---

2.  Au au

raus	blau	Auto
Delfin	Frau	Auge
Haus	laufen	Telefon
Maus	auf	Daumen

1. Wörter auf Au/au abhören und einkreisen, Artikelpunkte ausmalen
2. Wörter mit Au und au lesen, Au/au optisch diskriminieren und einkreisen

73

1.

H s

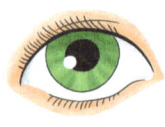

g

Au/au ist auch
ein König!

2.

Maus im Haus
Maus am Baum
Maus im Auto

1. die vorgegebenen Silbenkönige in Wörter aus bekannten Buchstaben einsetzen
2. Wörter mit Hilfe der Lauttabelle schreiben;
Zusatzaufgabe: Wortgruppen abschreiben, Silbenbögen einzeichnen und Könige markieren

K k

1. ✎

K 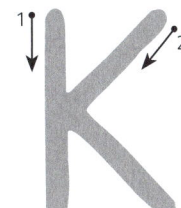   k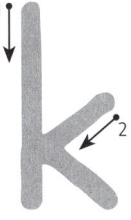

K   k

---

2. ✎

K   K

k   k

er kann

er kauft

Kiwi

1.

K

k

2.

F k m g k b R a K o K h

kaufen   Kuss   Wolke

Kind   kennen

Kamel   kalt   Rakete

1. Wörter auf K/k abhören und einkreisen, Artikelpunkte ausmalen
2. (Wörter mit) K und k lesen, K/k optisch diskriminieren und einkreisen

1.

 W◯lk◯

 K◯w◯

2.

		ch	

1. die vorgegebenen Silbenkönige in Wörter aus bekannten Buchstaben einsetzen
2. Wörter mit Hilfe der Lauttabelle schreiben

77

Ei ei

1.

Ei   Ei

ei   ei

ein

eine

mein

klein

weit

ein Ei

ein Eis

1. (Wörter mit) Ei und ei in Lineatur schreiben, Schreibrichtung beachten

1.

Ei

ei

---

2. Ei ei

mein	Ei	Gabel
Eimer	Bein	Seife
Hut	Eis	Ameise
Kiwi	weit	leise

1. Wörter auf Ei/ei abhören und einkreisen, Artikelpunkte ausmalen
2. Wörter mit Ei und ei lesen, Ei/ei optisch diskriminieren und einkreisen

1.

Ei/ei ist auch ein König!

m   s

m   r

2.

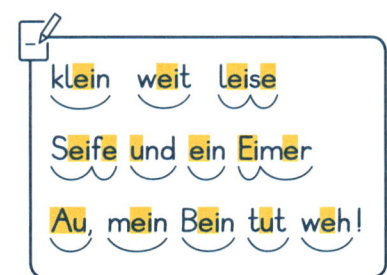

klein   weit   leise

Seife und ein Eimer

Au, mein Bein tut weh!

1. die vorgegebenen Silbenkönige in Wörter aus bekannten Buchstaben einsetzen
2. Wörter mit Hilfe der Lauttabelle schreiben;
Zusatzaufgabe: Wörter, Wortgruppe und Satz abschreiben, Silbenbögen einzeichnen und Könige markieren

-ch

1. 🖊

ch   ch

ch   ch

---

2. 🖊

ch   ch

ich

doch

Buch

Milch

1.

4

ch

ch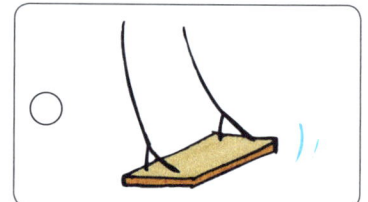

2.

10

lachen   acht   Seife

Koch   ich   machen

Buch   Gesicht   wach

Milch   Hase   dich

1. Wörter auf ch abhören und einkreisen, Artikelpunkte ausmalen
2. Wörter mit ch lesen, ch optisch diskriminieren und einkreisen

1.

 K_ch_n

 D_ch

---

2.

ch

ch

ein brauner Kuchen

Elin mag Milch.

Rami lacht laut.

1. die vorgegebenen Silbenkönige in Wörter aus bekannten Buchstaben einsetzen
2. Wörter mit Hilfe der Lauttabelle schreiben;
Zusatzaufgabe: Wortgruppe und Sätze abschreiben, Silbenbögen einzeichnen und Könige markieren

Z z

1. ✎

Z   z

Z   z

2. ✎

Z   Z

z   z

Zaun

zehn

kurz

1. Z und z nachspuren
2. (Wörter mit) Z und z in Lineatur schreiben, Schreibrichtung beachten

1.

Z

z

---

2. Zz

U Au B z K r ei Z z n B Z

zeigen   Zahn   Kuchen

Kerze   Milch

tanzen   Zitrone   zwei

1. Wörter auf Z/z abhören und einkreisen, Artikelpunkte ausmalen
2. (Wörter mit) Z und z lesen, Z/z optisch diskriminieren und einkreisen

85

1.

 Z⬢ tr⬢ n⬢

 K⬢ rz⬢

2.

ck

Rami tanzt mit Zola.

Oma ist im Zelt.

Zitronen sind sauer.

1. die vorgegebenen Silbenkönige in Wörter aus bekannten Buchstaben einsetzen
2. Wörter mit Hilfe der Lauttabelle schreiben;
Zusatzaufgabe: Sätze abschreiben, Silbenbögen einzeichnen und Könige markieren

Lesen

1. 👓 ✏️

S	ei	f	e
☀️	🍦	🐟	🫏

Au	t	o
🚗	🍅	👩

K	u	ch	e	n
🐱	🛸	🥛📖	🫏	👃

---

2. 👓 ✗ ✏️

☐ eine Zitrone

☐ zwei Zitronen

☐ drei Zitronen

☐ Maus am Haus

☐ Maus am Baum

☐ Maus im Haus

1. Wörter aus bekannten Buchstaben mit Hilfe der Lauttabelle lesen und Bild zuordnen
2. Wortgruppen aus bekannten Buchstaben lesen und mit dem Bild abgleichen, Lösung ankreuzen

87

Lesen und malen

1.

eine rosa Seife

eine graue Wolke

zwei braune Augen

drei Kugeln Eis

ein Kuchen
mit acht Kerzen

ein Haus
mit rotem Dach

1. Wortgruppen aus bekannten Buchstaben lesen,
Zeichnungen ausmalen und vervollständigen

Zuhören und zeigen

1. 🎧50 ☞

2. 🎧51 ✗ ✏️

 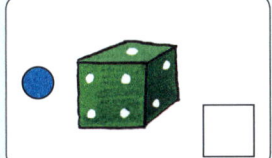  

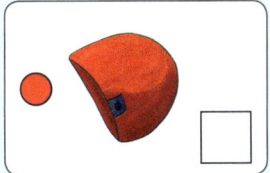 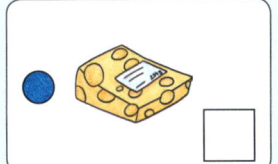  

3. 🎧52 ☞

 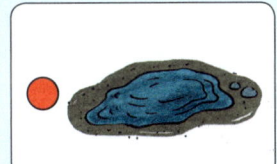  

4. 🎲 Spiel 1, Spiel 3

5. 🎧53–64

alle neuen Abhör- und Lernwörter des Kapitels kennenlernen: Wörter auf der CD anhören und im Heft zeigen (1., 3.), Einzelwörter herausfinden (2.), Spiele mit den Bildkarten spielen (4., Anleitung im Heftumschlag), Reime zu den Wörtern anhören (5.); Übungen ritualisiert wiederholen

1. ✏

ie   ie

lieb

die

7 sieben

---

2. ⌣ ✏ ie

⌣⌣   ⌣⌣   ⌣⌣

⌣⌣   ⌣⌣   ⌣⌣

1. (Wörter mit) ie in Lineatur schreiben, Schreibrichtung beachten
2. Wörter schwingen, ie in den richtigen Silbenbogen eintragen

1.

| | ie | | |

| | ie | | |

Das ie ist auch ein König!

2.

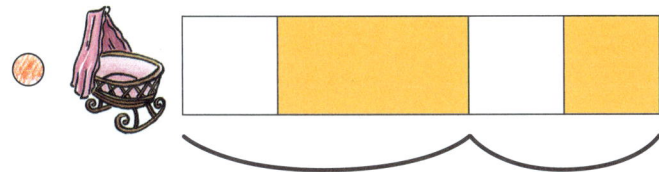

Wiege

Wiege

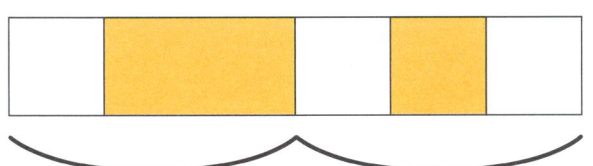

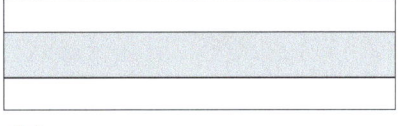

sieben

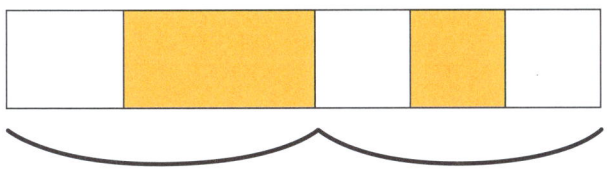

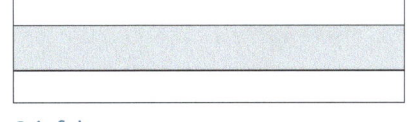

Stiefel

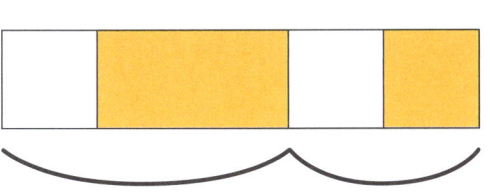

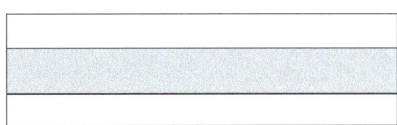

Ziege

1. Wörter aus bekannten Buchstaben schreiben; die Lautbilder der Lauttabelle als Unterstützung nutzen
2. Wörter mit Hilfe der Lauttabelle in Kästchen und in Lineatur schreiben, Artikelpunkte ausmalen

P p

1.

P

P

p

p

2.

P .... P

p .... p

Papa

Opa

plus

1. P und p nachspuren
2. (Wörter mit) P und p in Lineatur schreiben, Schreibrichtung beachten

1. ⁓ ✏ P p

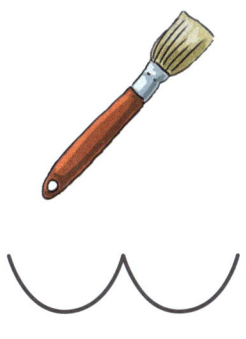

⌣⌣

⌣⌣

⌣⌣

⌣⌣

⌣⌣

⌣⌣

---

2. 👓 ✏ P p ✗✏

10

Papa   Biene   Pinsel   Baum

Paket   Opa   Eimer   Papagei

☐

Opas Papagei
hat rote Federn.

☐

1. Wörter schwingen, P und p in den richtigen Silbenbogen eintragen
2. Wörter und Satz mit P und p lesen, P/p optisch diskriminieren und einkreisen;
   richtiges Bild zum Satz ankreuzen

1.

2.

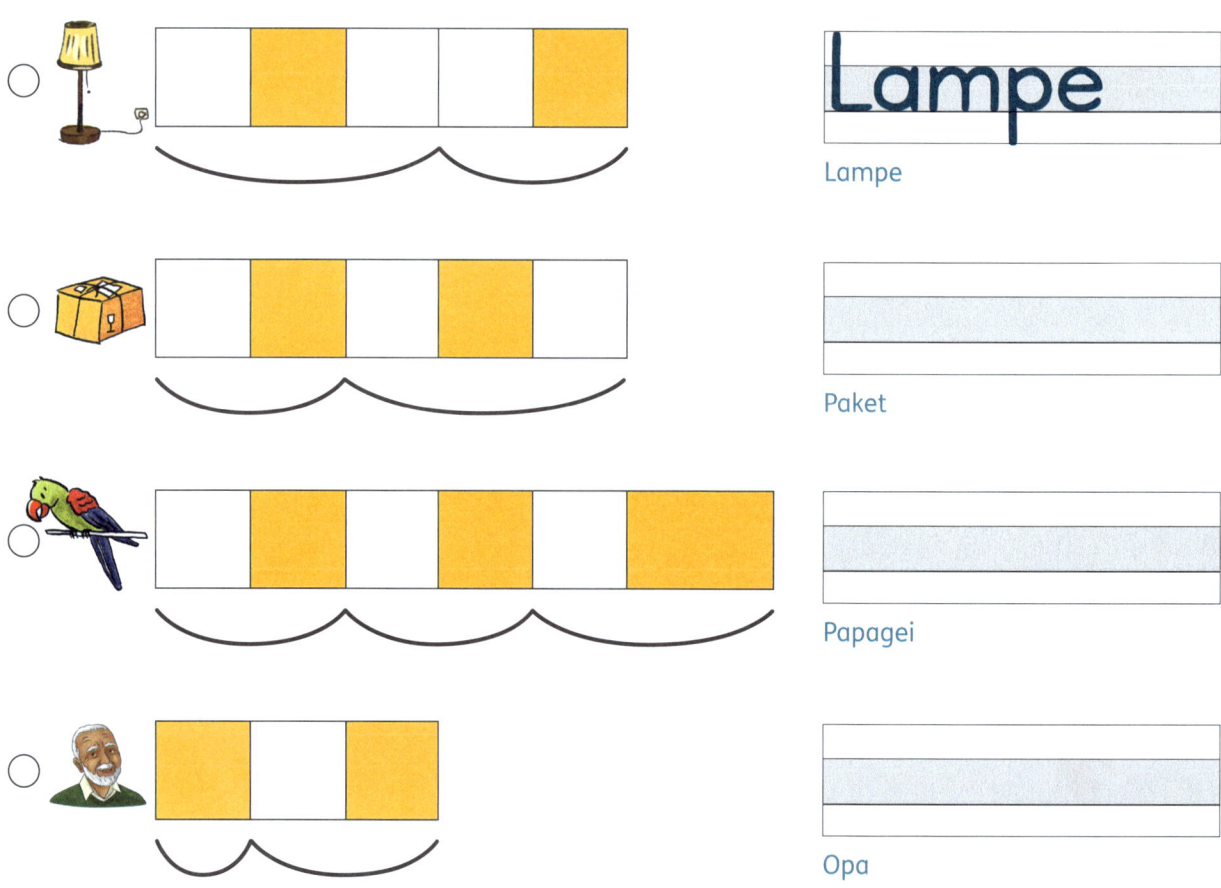

Lampe

Paket

Papagei

Opa

1. Wörter aus bekannten Buchstaben schreiben; die Lautbilder der Lauttabelle als Unterstützung nutzen
2. Wörter mit Hilfe der Lauttabelle in Kästchen und in Lineatur schreiben, Artikelpunkte ausmalen

1. ✏

Eu · · · · · · · · · · · · · · · · · · · Eu

eu · · · · · · · · · · · · · · · · · · · eu

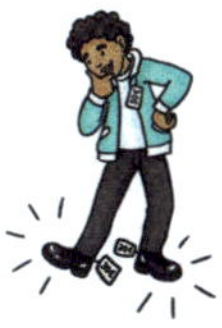

neu

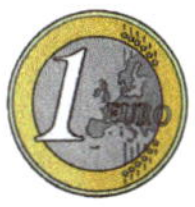

Euro

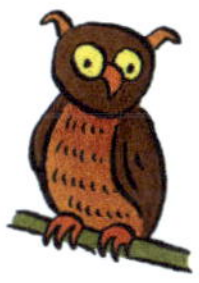

Eule

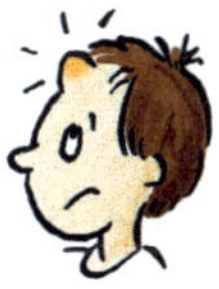

Beule

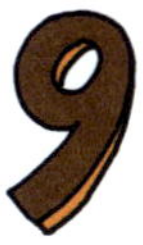

neun

teuer

heute

1. ⌣⌣ ✏ Eu eu

---

2. 👓 ✏ Eu eu ✗✏

8

heulen   Eule   teuer   neu

Flugzeug   Lampe   Eimer   Feuerwehr

☐   Amir hat heute
eine neue Hose an.    ☐

1. Wörter schwingen, Eu und eu in den richtigen Silbenbogen eintragen
2. Wörter und Satz mit Eu und eu lesen, Eu/eu optisch diskriminieren und einkreisen;
richtiges Bild zum Satz ankreuzen

1.

2.

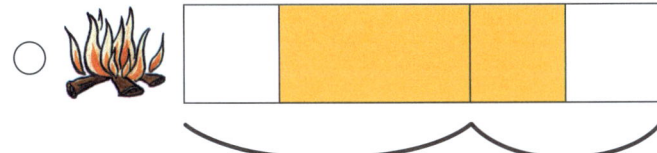

Feuer

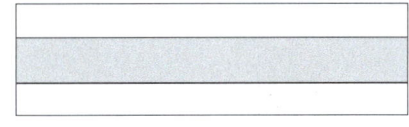
Euro

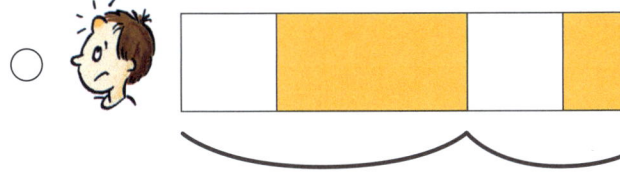

Beule

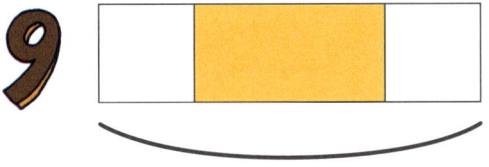
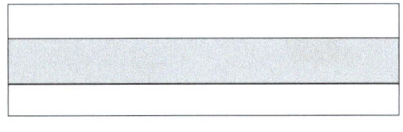
neun

1. Wörter aus bekannten Buchstaben schreiben; die Lautbilder der Lauttabelle als Unterstützung nutzen
2. Wörter mit Hilfe der Lauttabelle in Kästchen und in Lineatur schreiben, Artikelpunkte ausmalen

Sch sch

1. 🖉

Sch   Sch

sch   sch

Schal

Schaf

Tisch

Fisch

Schirm

scharf

schief

1. (Wörter mit) Sch und sch in Lineatur schreiben, Schreibrichtung beachten

1. ‿‿ ✏ Sch sch

‿‿ ‿‿ ‿‿

‿‿ ‿‿ ‿‿

---

2. 👓 ✏ Sch sch ✗✏  8

Schere   schlafen   Schaf   Riese

Pinsel   Fisch   Schaukel   Schule

 □ Elin ist in der Schule.
Sie lernt schreiben.  □

1. Wörter schwingen, Sch und sch in den richtigen Silbenbogen eintragen
2. Wörter und Satz mit Sch und sch lesen, Sch/sch optisch diskriminieren und einkreisen;
   richtiges Bild zum Satz ankreuzen

1. ✏️

Elin auf der Rutsche

Haben Fische Schuhe?

schief scharf schwer

2. 📋 ✏️

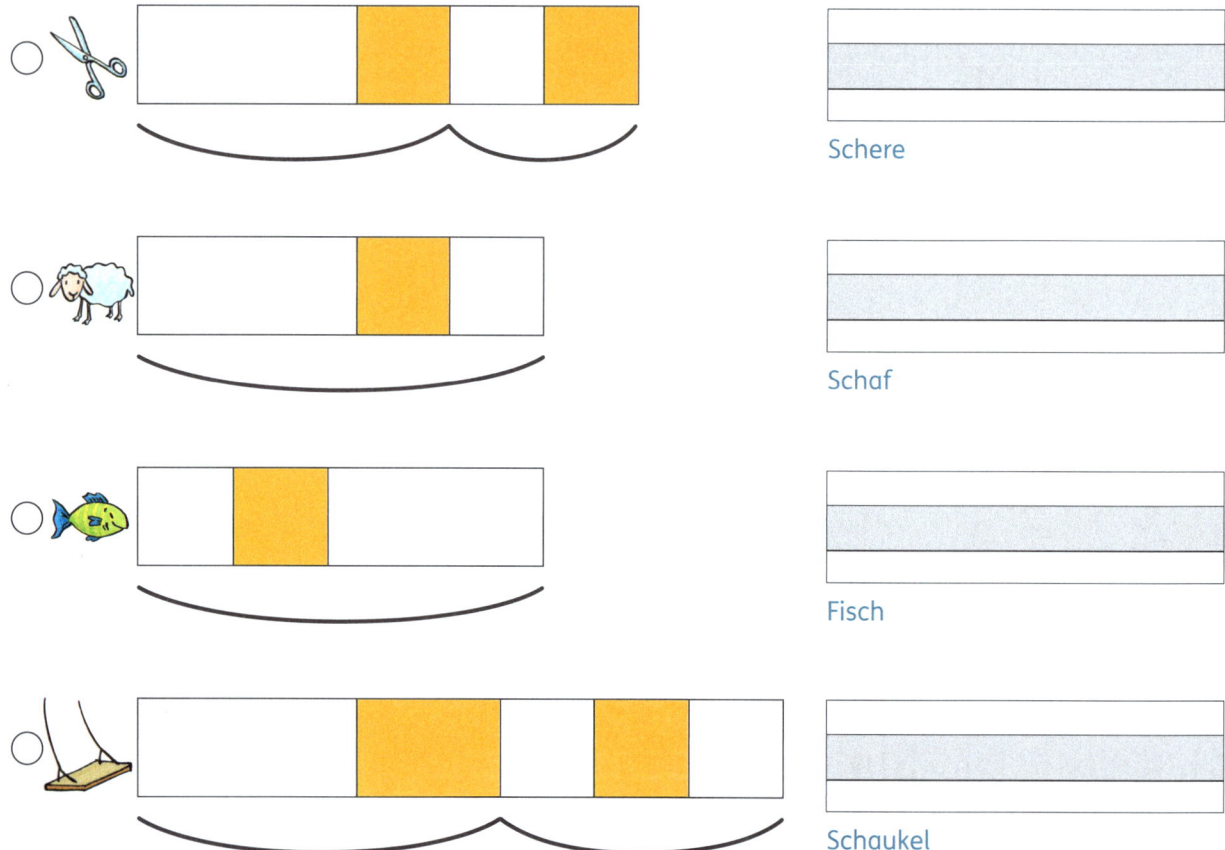

Schere

Schaf

Fisch

Schaukel

1. Wörter aus bekannten Buchstaben schreiben; die Lautbilder der Lauttabelle als Unterstützung nutzen; Zusatzaufgabe: Wörter, Wortgruppe und Satz abschreiben, Silbenbögen einzeichnen und Könige markieren
2. Wörter mit Hilfe der Lauttabelle in Kästchen und in Lineatur schreiben, Artikelpunkte ausmalen

 **Ä ä**

1. 🖉

Ä   Ä

ä   ä

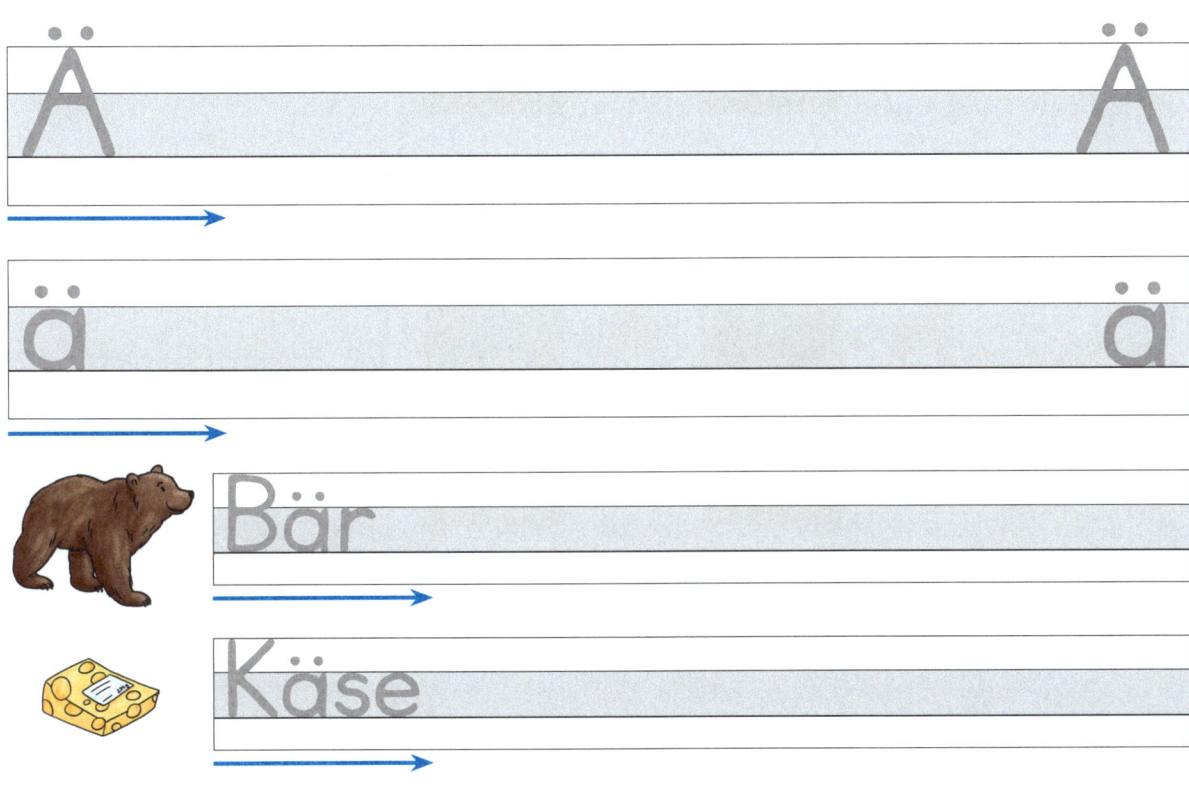

Bär

Käse

---

2. ⌣ 🖉 Ä ä

1. (Wörter mit) Ä und ä in Lineatur schreiben, Schreibrichtung beachten
2. Wörter schwingen, Ä und ä in den richtigen Silbenbogen eintragen

1. ✏️

Ä/ä ist auch ein König.

📝
Die Maus frisst Käse.
Der Käfer frisst Blätter.
Der Bär frisst alles gern.

---

2. 👓—✏️.

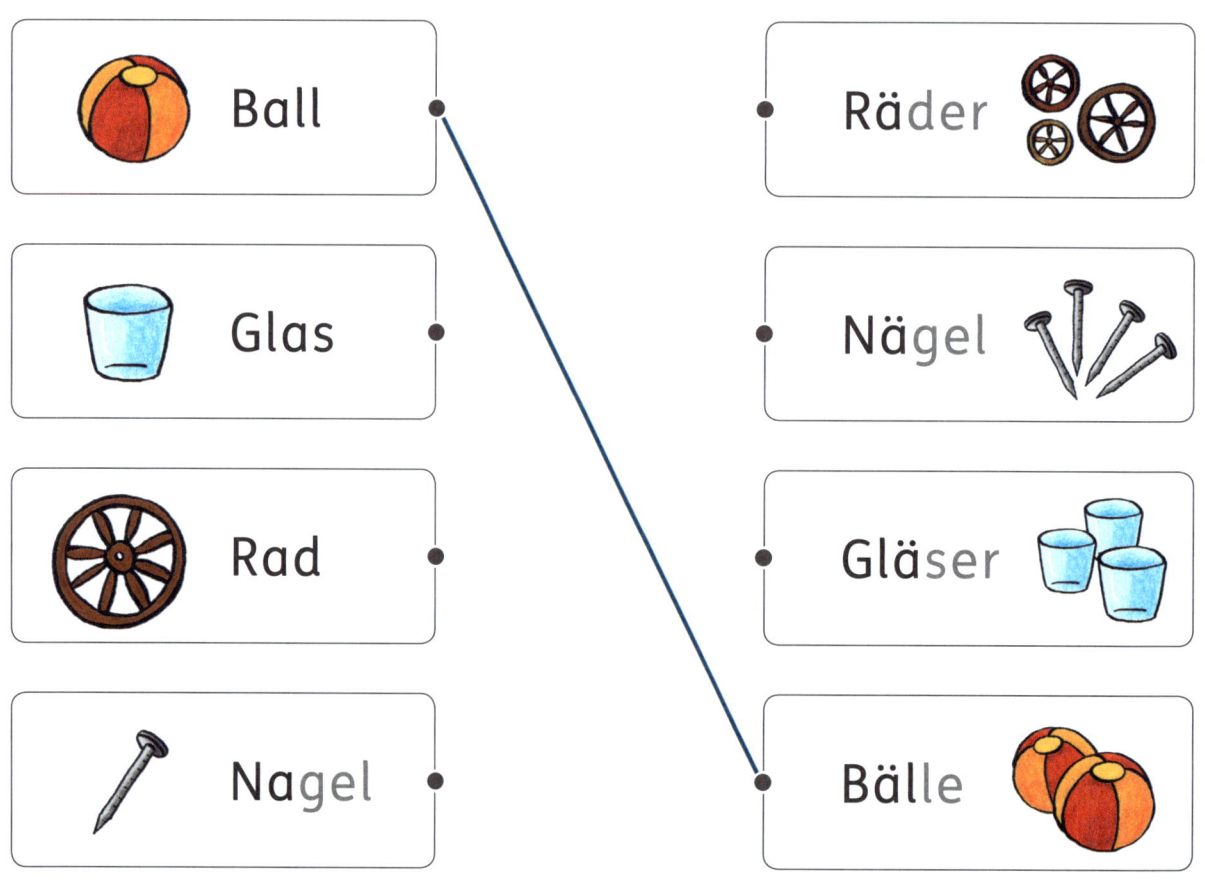

1. Wörter aus bekannten Buchstaben schreiben; die Lautbilder der Lauttabelle als Unterstützung nutzen;
Zusatzaufgabe: Sätze abschreiben, Silbenbögen einzeichnen und Könige markieren
2. Wörter mit a lesen und mit der Mehrzahl mit ä verbinden

1. ✏️

Ö   →   Ö

ö   →   ö

 Öl →

 Löwe →

2. ∿ ✏️ Ö ö

⌣   ⌣⌣   ⌣⌣

⌣⌣   ⌣⌣   ⌣⌣

1. (Wörter mit) Ö und ö in Lineatur schreiben, Schreibrichtung beachten
2. Wörter schwingen, Ö und ö in den richtigen Silbenbogen eintragen

1. ✏️

---

2. 👓 _✏️

 Koch •

• Löcher

 Korb •

• Köche

 Loch •

• Dörfer

 Dorf •

• Körbe

1. Wörter aus bekannten Buchstaben schreiben; die Lautbilder der Lauttabelle als Unterstützung nutzen
2. Wörter mit o lesen und mit der Mehrzahl mit ö verbinden

1. ✏️

Ü

ü

üben

für

2. ∿ ✏️ Ü ü

1. (Wörter mit) Ü und ü in Lineatur schreiben, Schreibrichtung beachten
2. Wörter schwingen, Ü und ü in den richtigen Silbenbogen eintragen

105

1. 🖊

Ü/ü ist auch ein König.

---

2. 👓 🖊

1. Wörter aus bekannten Buchstaben schreiben; die Lautbilder der Lauttabelle als Unterstützung nutzen
2. Wörter mit u lesen und mit der Mehrzahl mit ü verbinden

Wiederholung: Könige

Au/au Ei/ei Eu/eu -ie Ä ä Ö ö Ü ü

Das sind auch Könige.

1.

Au	g	e

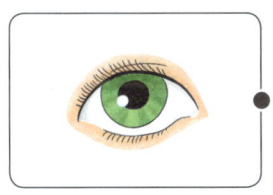

Ei	m	e	r

Eu	l	e

Au/au, Ei/ei, Eu/eu, -ie, Ä/ä, Ö/ö, Ü/ü als weitere Könige wiederholen und vertiefen:
1. Wörter aus bekannten Buchstaben lesen, mit dem richtigen Bild verbinden

107

1.

R	ie	s	e

K	ä	s	e

L	ö	w	e

K	ü	k	e	n

1. Wörter aus bekannten Buchstaben lesen, mit dem richtigen Bild verbinden

Lesen

1.

- [ ] ein Riese mit einer Ziege
- [ ] ein Riese mit einer Biene
- [ ] ein Riese in der Wiege

- [ ] Papageien und Pinsel
- [ ] Papageien und Pakete
- [ ] Papageien und Palmen

- [ ] eine Eule im Flugzeug
- [ ] ein Euro im Flugzeug
- [ ] neun Eulen im Flugzeug

- [ ] ein Schaf auf der Schaukel
- [ ] zwei Schafe auf der Schaukel
- [ ] zwei Fische auf der Schaukel

Lesen und malen

1.

ein bunter Käfer

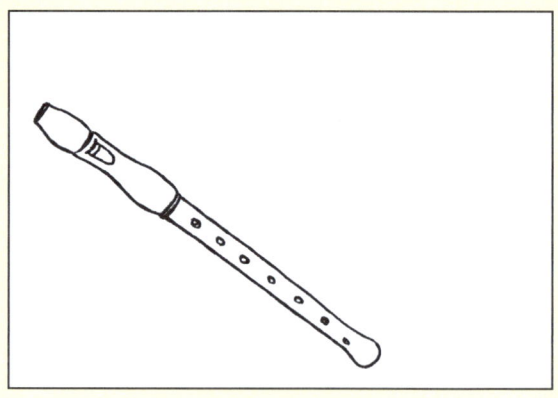

zwei Flöten

zwei braune Schuhe

drei gelbe Küken

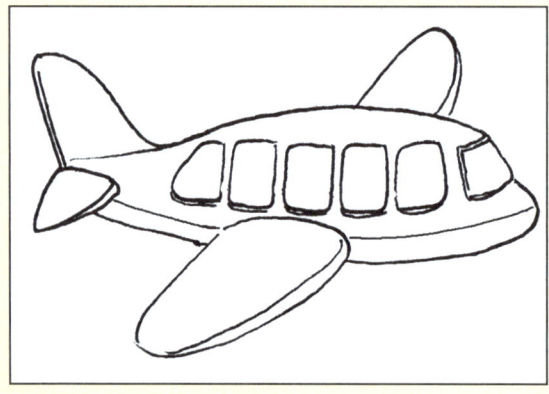

ein Flugzeug
mit fünf Kindern

eine grüne Lampe
im Zimmer

1. Wortgruppen aus bekannten Buchstaben lesen,
Zeichnungen ausmalen und vervollständigen

Zuhören und zeigen

1. 🎧65 ☞

2. 🎧66 ✗✏

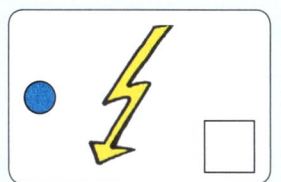   

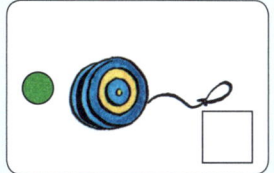   

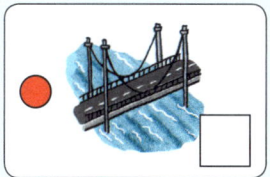   

---

3. 🎧67 ☞

 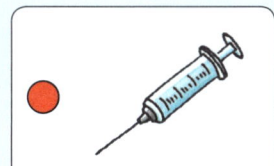 

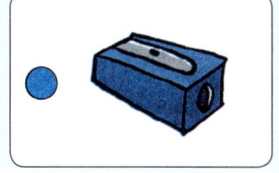   

 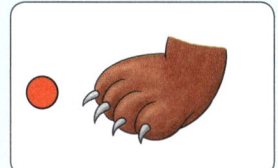  

4. 🎲 Spiel 2, Spiel 3

5. 🎧68–78

alle neuen Abhör- und Lernwörter des Kapitels kennenlernen: Wörter auf der CD anhören und im Heft zeigen (1., 3.), Einzelwörter herausfinden (2.), Spiele mit den Bildkarten spielen (4., Anleitung im Heftumschlag), Reime zu den Wörtern anhören (5.); Übungen ritualisiert wiederholen

111

-tz

1.  ✏️

tz   tz

⚡ Blitz

☀️ Hitze

sitzen

putzen

Katze

Mütze

witzig

Platz

1. (Wörter mit) tz in Lineatur schreiben, Schreibrichtung beachten

1. 👂 ● ✏️ ✏️

tz  ○ 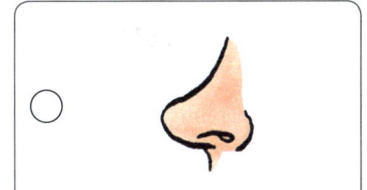 ○ 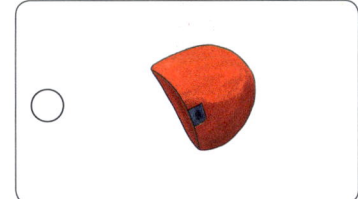 ○

tz  ○  ○  ○

---

2. 👓 ● ✏️ tz ✗ ✏️

sitzen   Mütze   Paket   Witz

Katze   Auto   Netz   platzen

 ☐

Katze Mimi hat
helle Tatzen.
Sie putzt sich.

 ☐

1. Wörter auf tz abhören und einkreisen, Artikelpunkte ausmalen
2. Wörter und Satz mit tz lesen, tz optisch diskriminieren und einkreisen;
   richtiges Bild zum Satz ankreuzen

113

1. ✏️

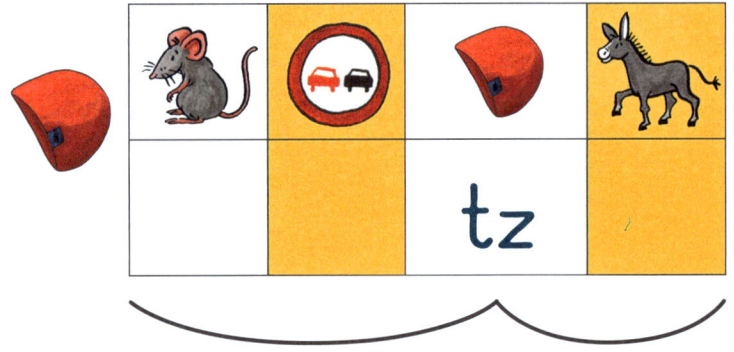

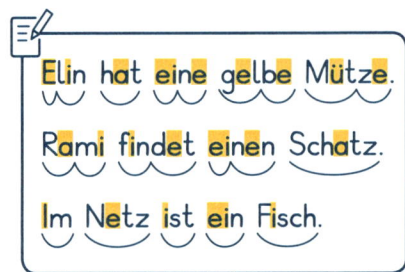

Elin hat eine gelbe Mütze.

Rami findet einen Schatz.

Im Netz ist ein Fisch.

---

2. 📋 ✏️

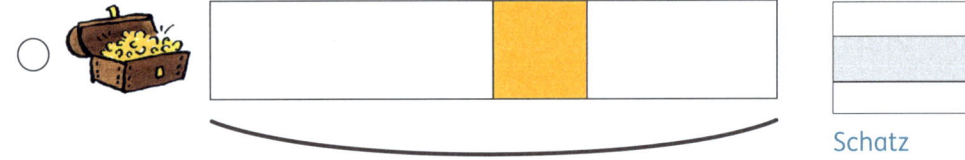

Schatz

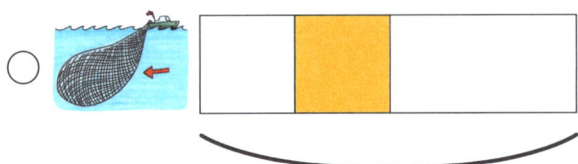

Netz

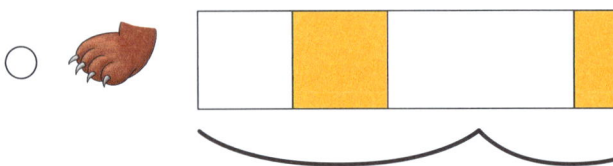

Tatze

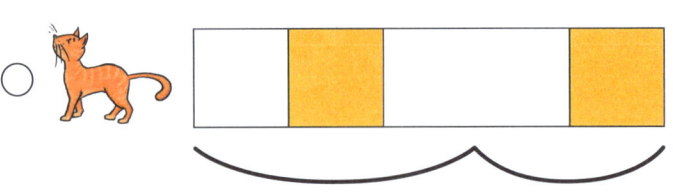

Katze

1. Wörter aus bekannten Buchstaben schreiben; die Lautbilder der Lauttabelle als Unterstützung nutzen; Zusatzaufgabe: Sätze abschreiben, Silbenbögen einzeichnen und Könige markieren
2. Wörter mit Hilfe der Lauttabelle in Kästchen und in Lineatur schreiben, Artikelpunkte ausmalen

St st

1. ✏️

St   St

st   st

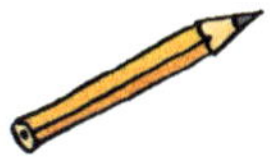

Stift

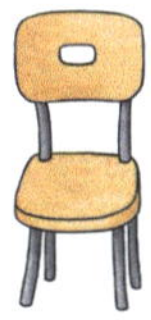

Stuhl

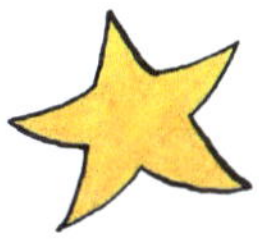

Stern

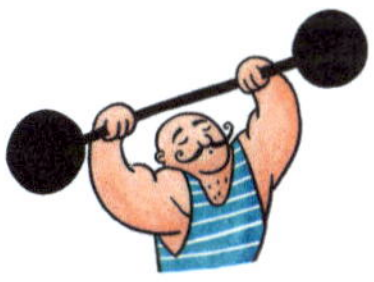

stark

er steht

stellen

streiten

1. ﹏ ✏ St

---

2. 👓 ○✏ St st ✗✏

9

Stiefel   Stefan   Stein   hinstellen

Stempel   Sofa   Schaukel   stehen

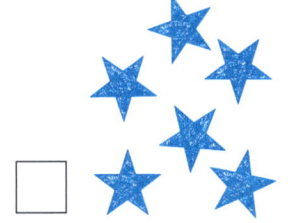
☐

Rami stempelt
fünf schöne Sterne.
Er ist stolz.

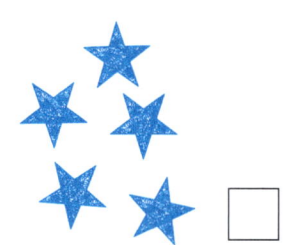
☐

1. Wörter schwingen, St in den richtigen Silbenbogen eintragen
2. Wörter und Satz mit St und st lesen, St/st optisch diskriminieren und einkreisen;
   richtiges Bild zum Satz ankreuzen

1.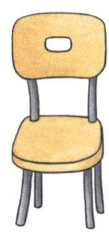

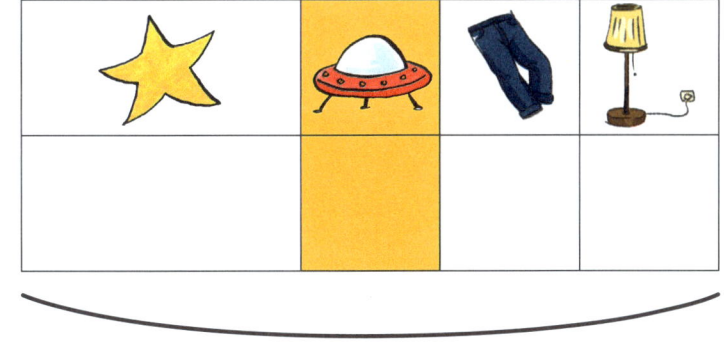

2.

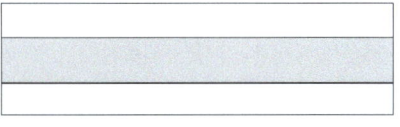

Stift

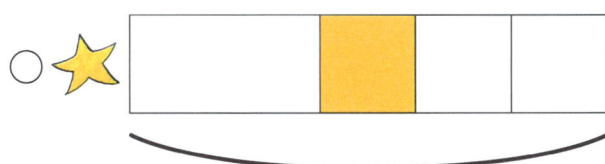

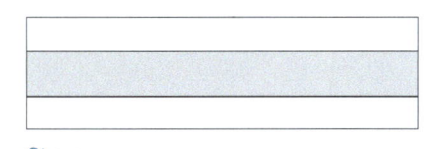

Stern

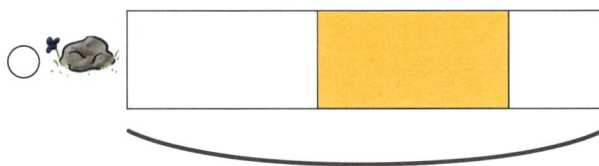

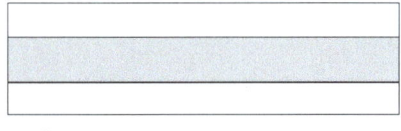

Stein

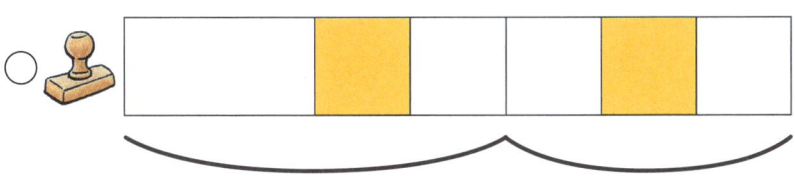

Stempel

1. Wörter aus bekannten Buchstaben schreiben; die Lautbilder der Lauttabelle als Unterstützung nutzen
2. Wörter mit Hilfe der Lauttabelle in Kästchen und in Lineatur schreiben, Artikelpunkte ausmalen

117

-ck

1. ✏

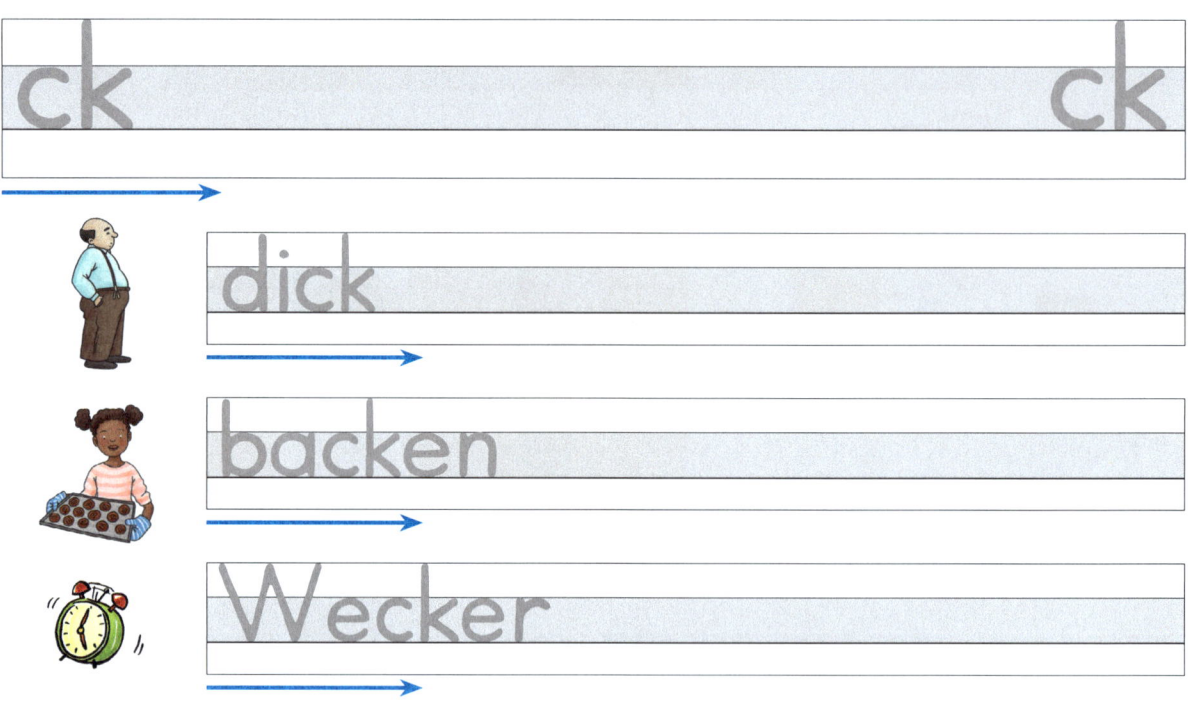

ck   ck

dick

backen

Wecker

2. 〰 ✏ ck

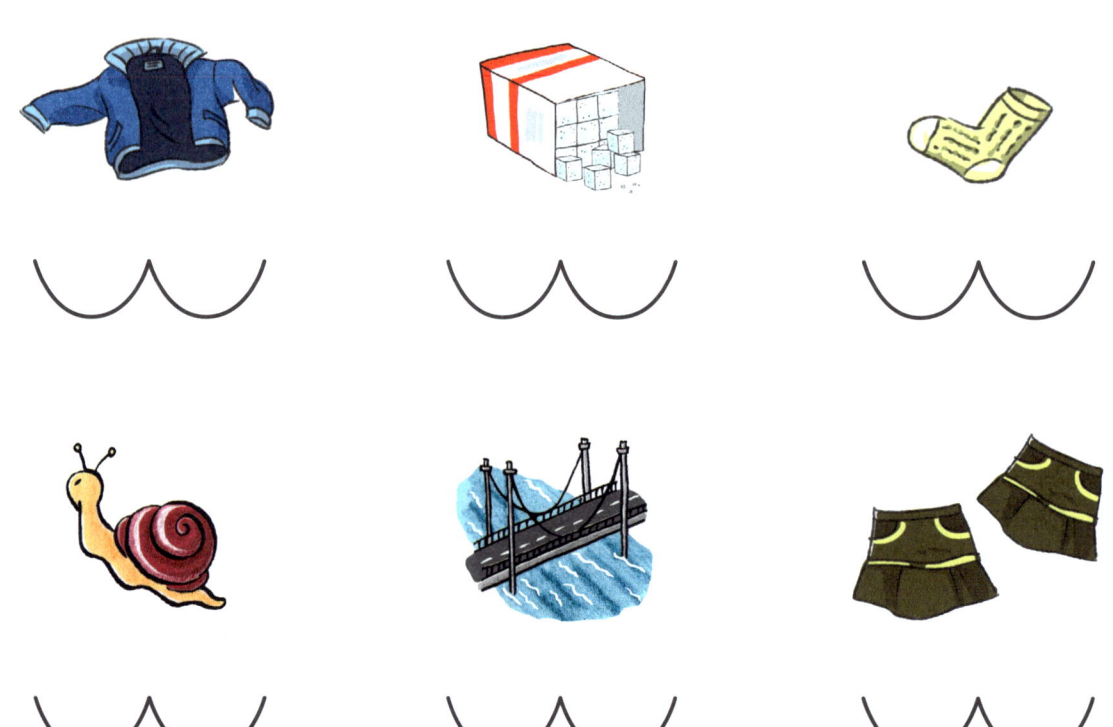

1. (Wörter mit) ck in Lineatur schreiben, Schreibrichtung beachten
2. Wörter schwingen, ck in den richtigen Silbenbogen eintragen

1.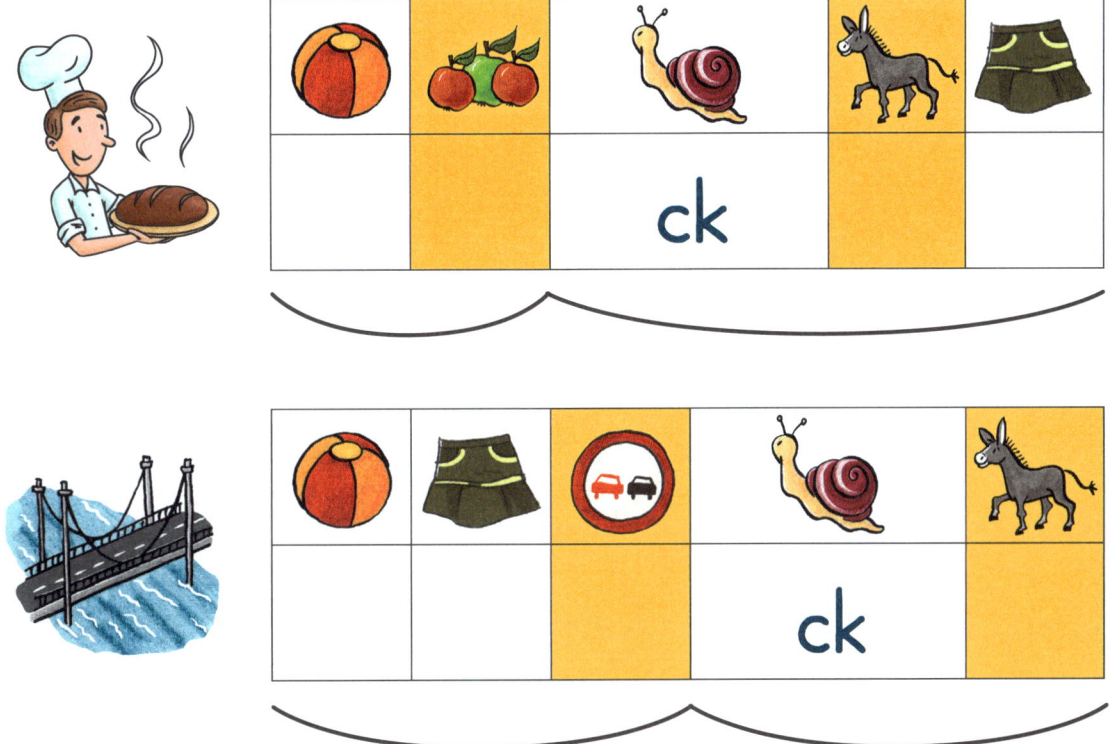

2.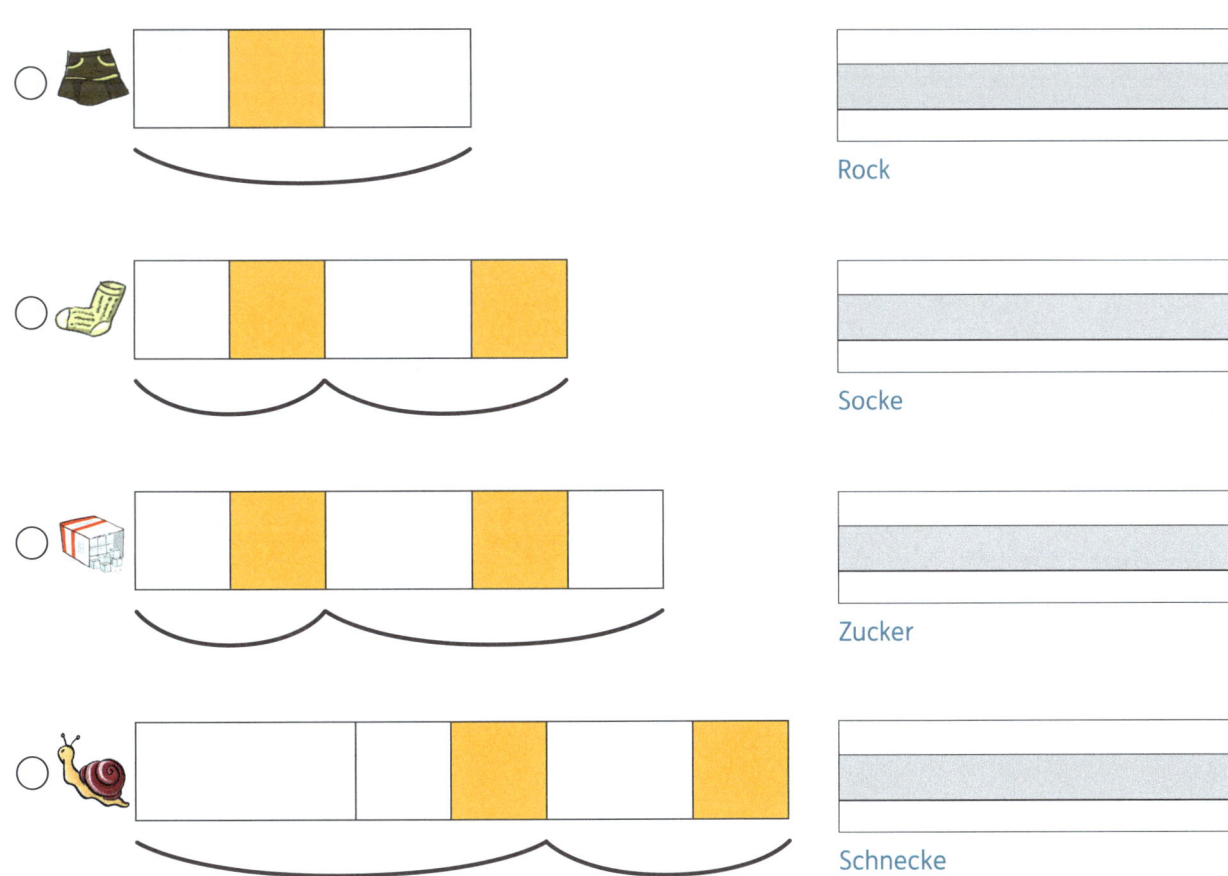

Rock

Socke

Zucker

Schnecke

1. Wörter aus bekannten Buchstaben schreiben; die Lautbilder der Lauttabelle als Unterstützung nutzen
2. Wörter mit Hilfe der Lauttabelle in Kästchen und in Lineatur schreiben, Artikelpunkte ausmalen

J j

1. ✏

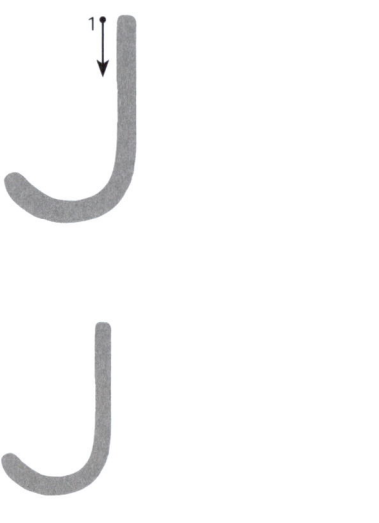

J   j

J   j

---

2. ✏

J   J

j   j

Jojo

ja

jucken

1. J und j nachspuren
2. (Wörter mit) J und j in Lineatur schreiben, Schreibrichtung beachten

1.  Jj

2. Jj

Jäger   Jacke   Jojo   ja

Socke   Insel   jetzt   Maja

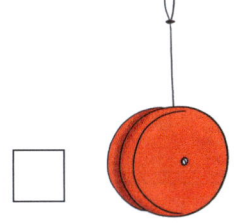 ☐

Es ist Pause.
Jonas spielt mit
dem gelben Jojo.

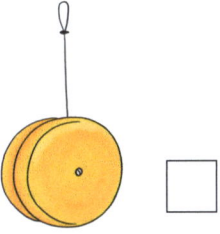 ☐

1. Wörter schwingen, J und j in den richtigen Silbenbogen eintragen
2. Wörter und Satz mit J und j lesen, J/j optisch diskriminieren und einkreisen;
   richtiges Bild zum Satz ankreuzen

121

1. ✏️

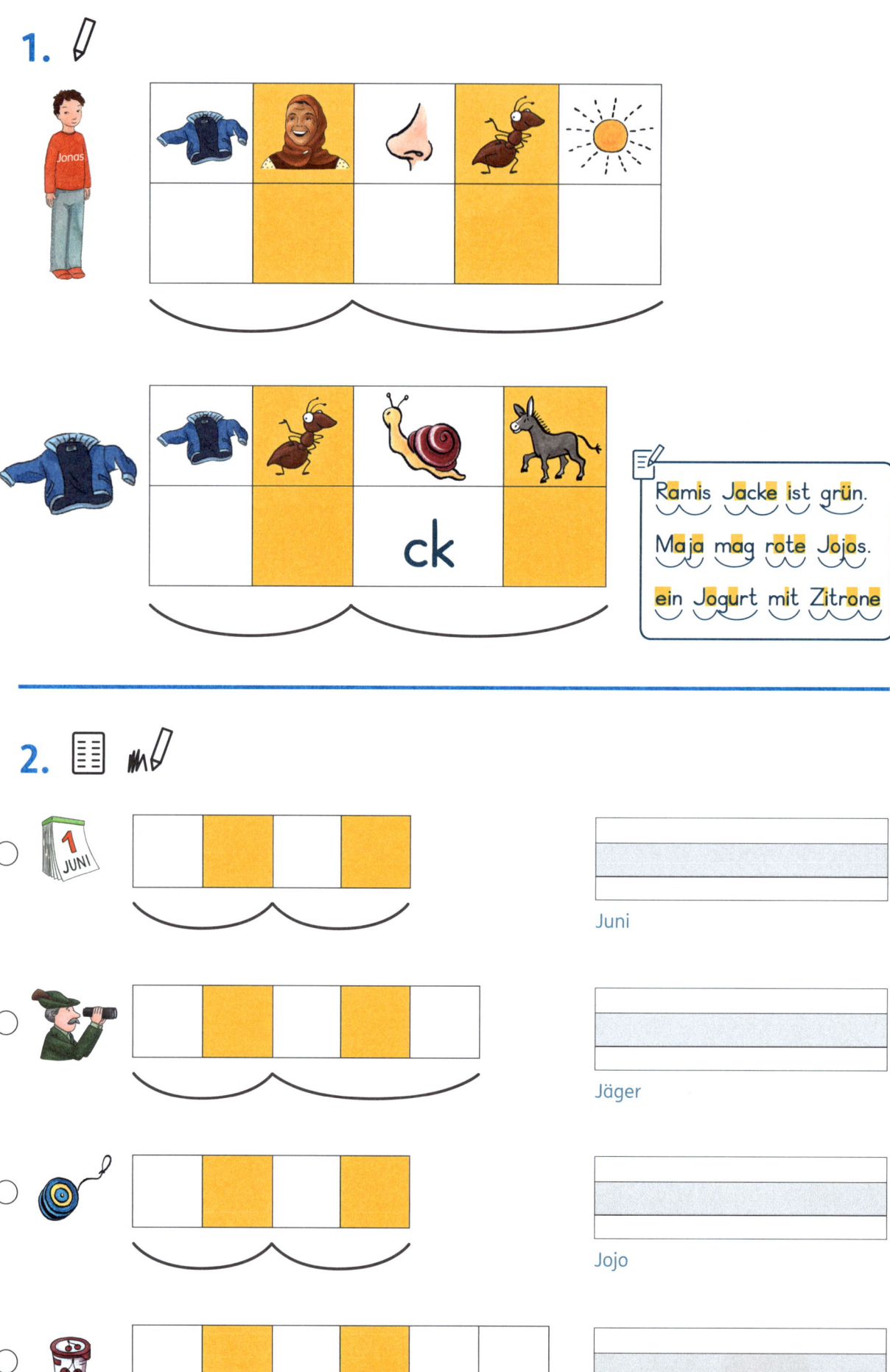

Ramis Jacke ist grün.

Maja mag rote Jojos.

ein Jogurt mit Zitrone

2. 📋 ✏️

Juni

Jäger

Jojo

Jogurt

1. Wörter aus bekannten Buchstaben schreiben; die Lautbilder der Lauttabelle als Unterstützung nutzen;
Zusatzaufgabe: Wortgruppen und Sätze abschreiben, Silbenbögen einzeichnen und Könige markieren
2. Wörter mit Hilfe der Lauttabelle in Kästchen und in Lineatur schreiben, Artikelpunkte ausmalen

Sp sp

1. ✏️

Sp   Sp

sp   sp

spät

spitz

sprechen

sparen

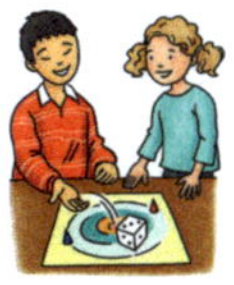

spielen

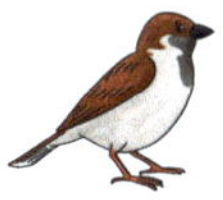

Spatz

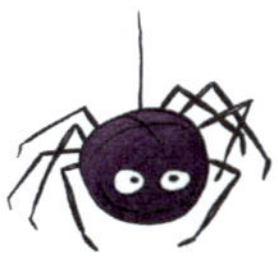

Spinne

1. ⌣ ✏ Sp sp

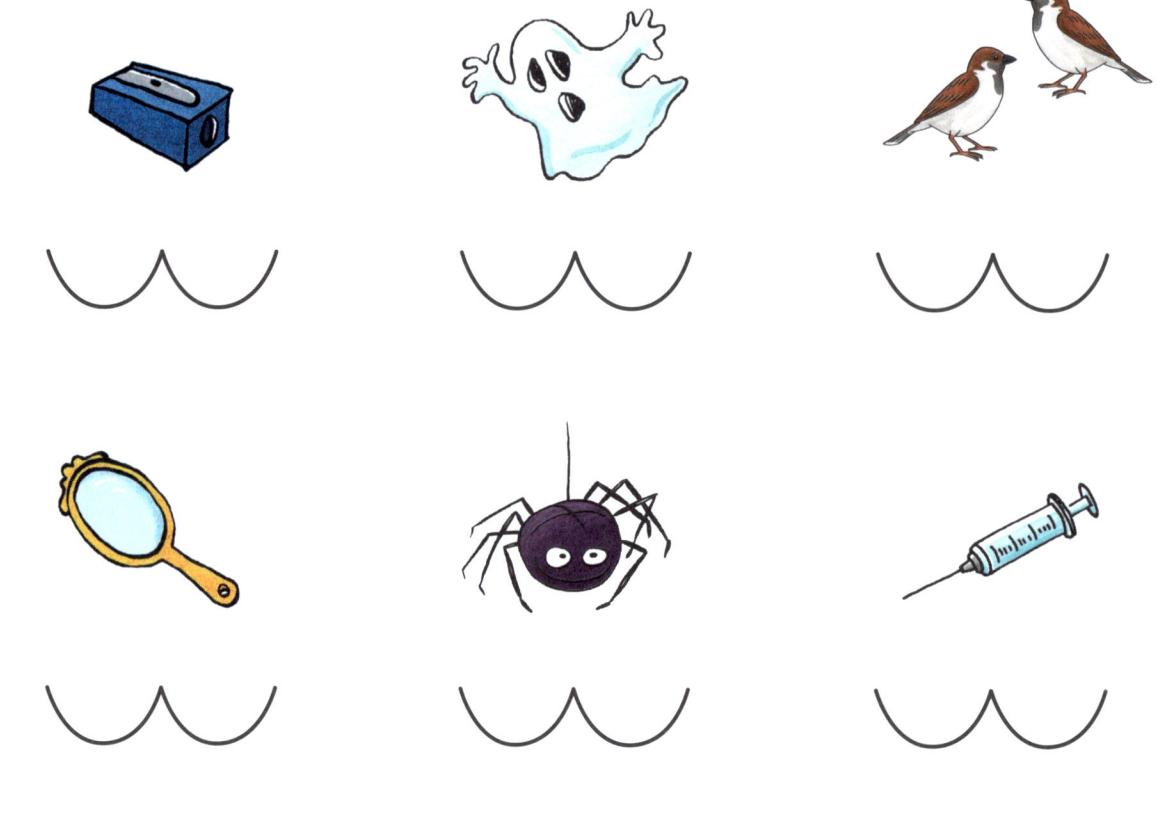

⌣⌣   ⌣⌣   ⌣⌣

⌣⌣   ⌣⌣   ⌣⌣

---

2. 👓 ✏ Sp sp ✗✏

8

Spiegel   spritzen   Spatz   stellen

Spinne   Gespenst   Stiefel   spielen

☐  Das Gespenst schaut
in den Spiegel.
Es erschreckt sich.  ☐

1. Wörter schwingen, Sp und sp in den richtigen Silbenbogen eintragen
2. Wörter und Satz mit Sp und sp lesen, Sp/sp optisch diskriminieren und einkreisen;
richtiges Bild zum Satz ankreuzen

1.

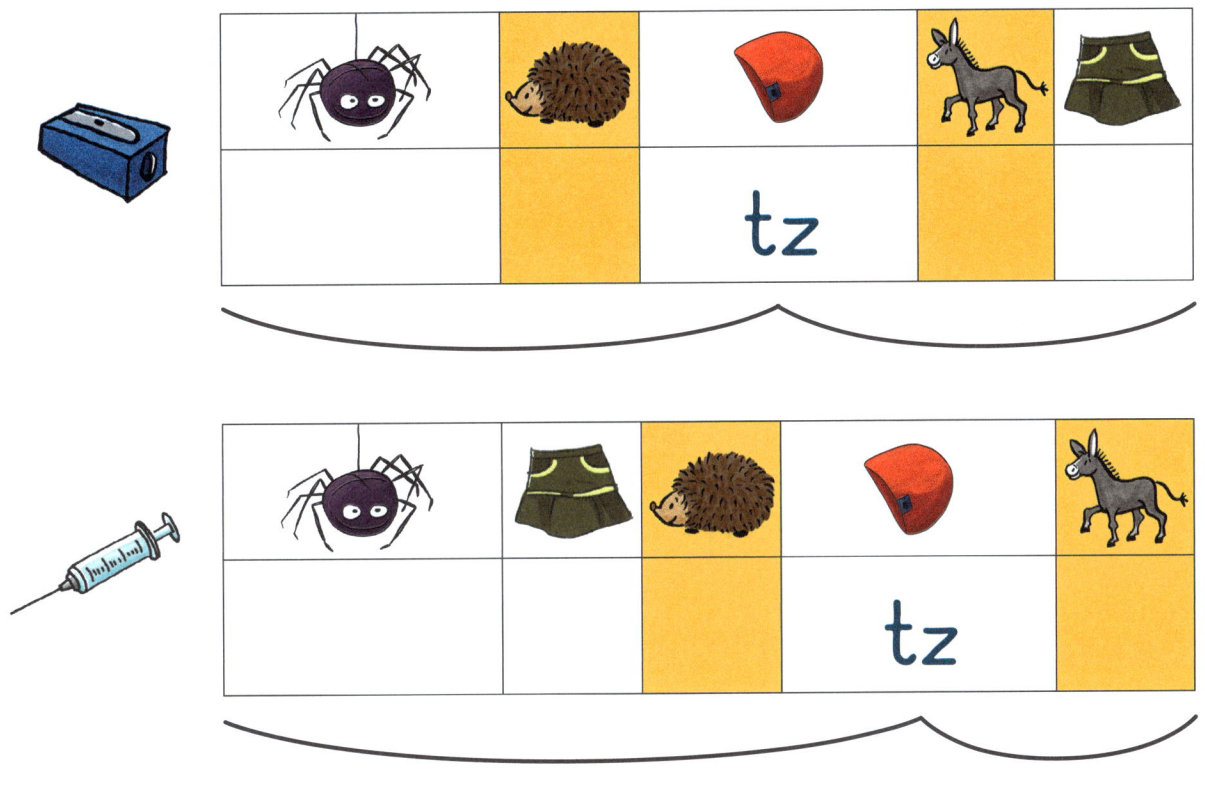

2.

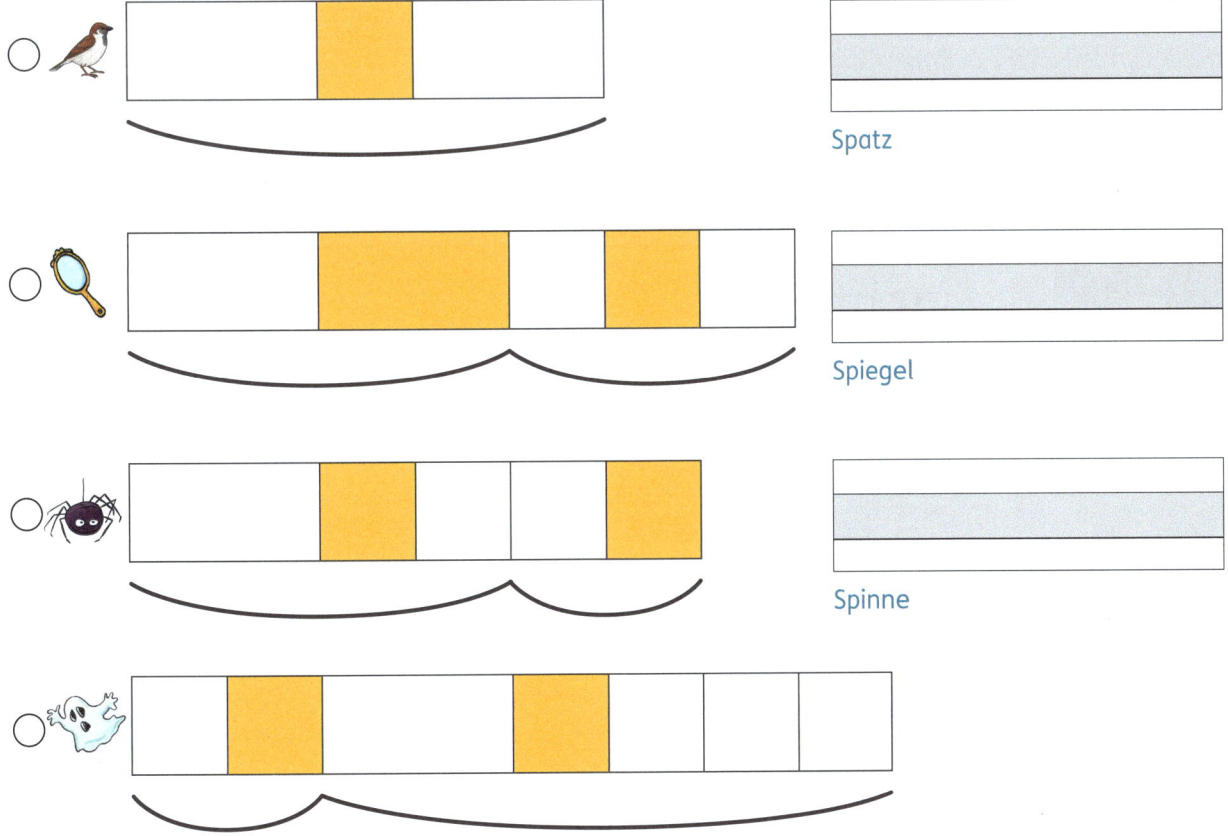

Spatz

Spiegel

Spinne

Lesen

1.

☐ eine schwarze Katze
mit roter Tatze

☐ eine braune Katze
mit schwarzer Tatze

☐ eine schwarze Katze
mit grauer Tatze

☐ zwei Schnecken auf einer Brücke

☐ zwei Schnecken mit Mützen

☐ zwei Schnecken mit warmen Socken

☐ fünf Sterne am Himmel

☐ acht Sterne am Himmel

☐ ein Flugzeug am Himmel

☐ zwei Kinder mit Jojos

☐ zwei Kinder mit Jacken

☐ drei Kinder mit Jojos

1. Wortgruppen aus bekannten Buchstaben lesen und mit dem Bild abgleichen, Lösung ankreuzen

Lesen und malen

1.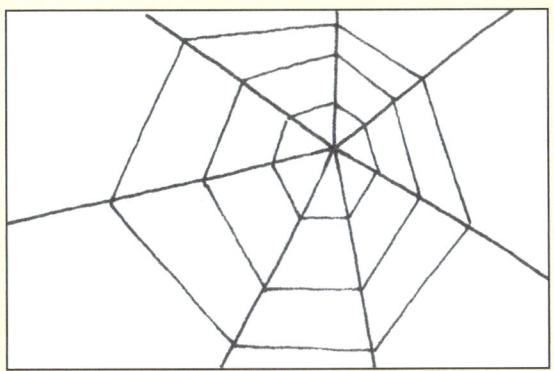

Im Netz ist
eine braune Spinne.

In der Kiste
ist ein Schatz.

Neben der Wolke
ist ein gelber Blitz.

Elin sitzt auf
einem roten Stuhl.

Ramis Jacke hat
rote und blaue Streifen.

Der Jogurt schmeckt
nach Banane.

1. Sätze aus bekannten Buchstaben lesen,
   Zeichnungen ausmalen und vervollständigen

Zuhören und zeigen

1. 🎧 79 ☞

2. 🎧 80 ✕ ✏️

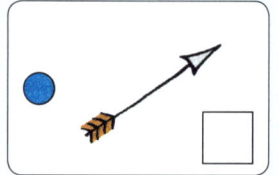  

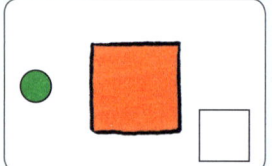  

3. 🎲 Spiel 1, Spiel 3

---

4. 🎧 81 ☞

  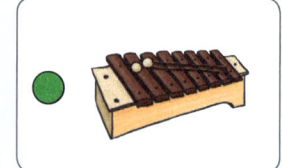 

5. 🎲 Spiel 2

6. 🎧 82–88

alle neuen Abhör- und Lernwörter des Kapitels kennenlernen: Wörter auf der CD anhören und im Heft zeigen (1., 4.), Einzelwörter herausfinden (2.), Spiele mit den Bildkarten spielen (3., 5., Anleitung im Heftumschlag), Reime zu den Wörtern anhören (6.); Übungen ritualisiert wiederholen

V v

1. ✏️

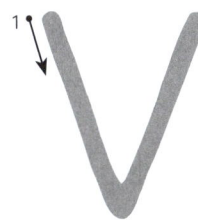
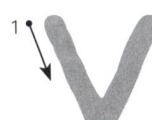

---

2. ✏️

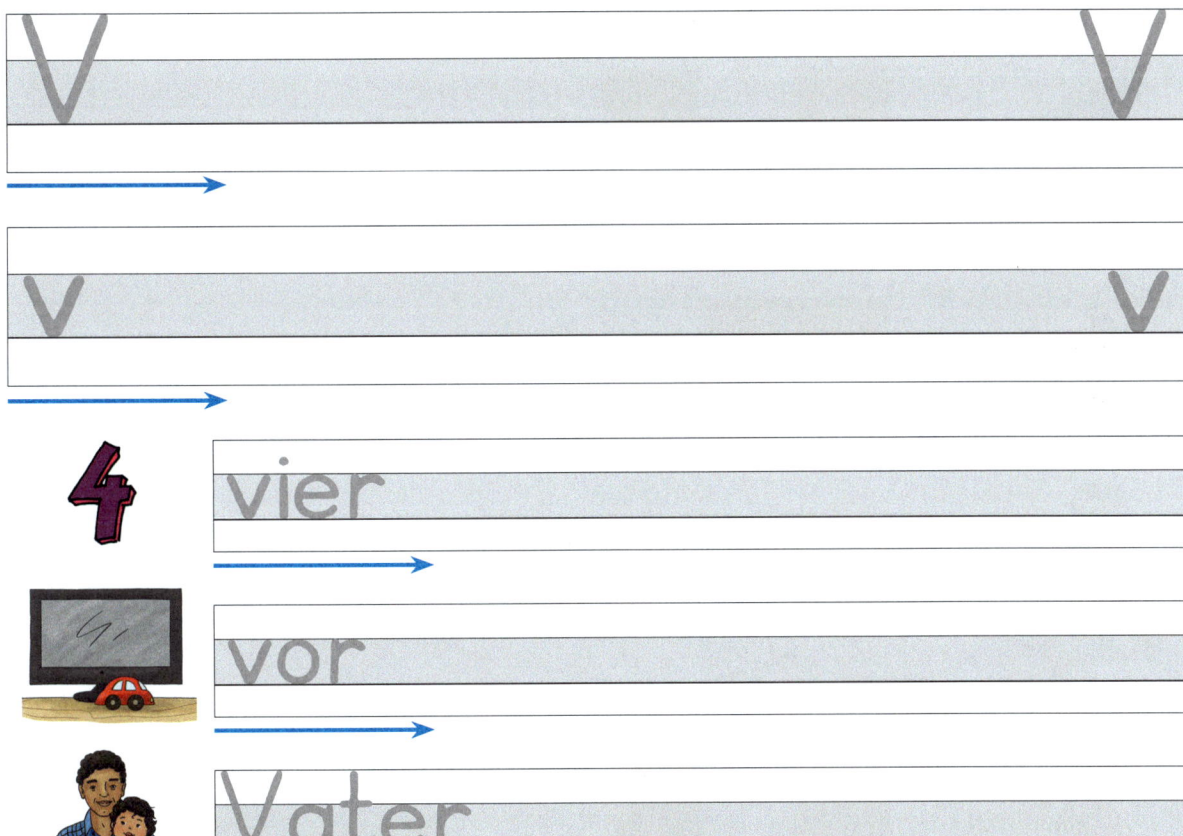

vier

vor

Vater

---

1.  o v V v x

Vogel   viele   vor   Wasser

von   vier   Stiefel   Vase

Die Lokomotive zieht vier grüne Anhänger.

☐   ☐

2.

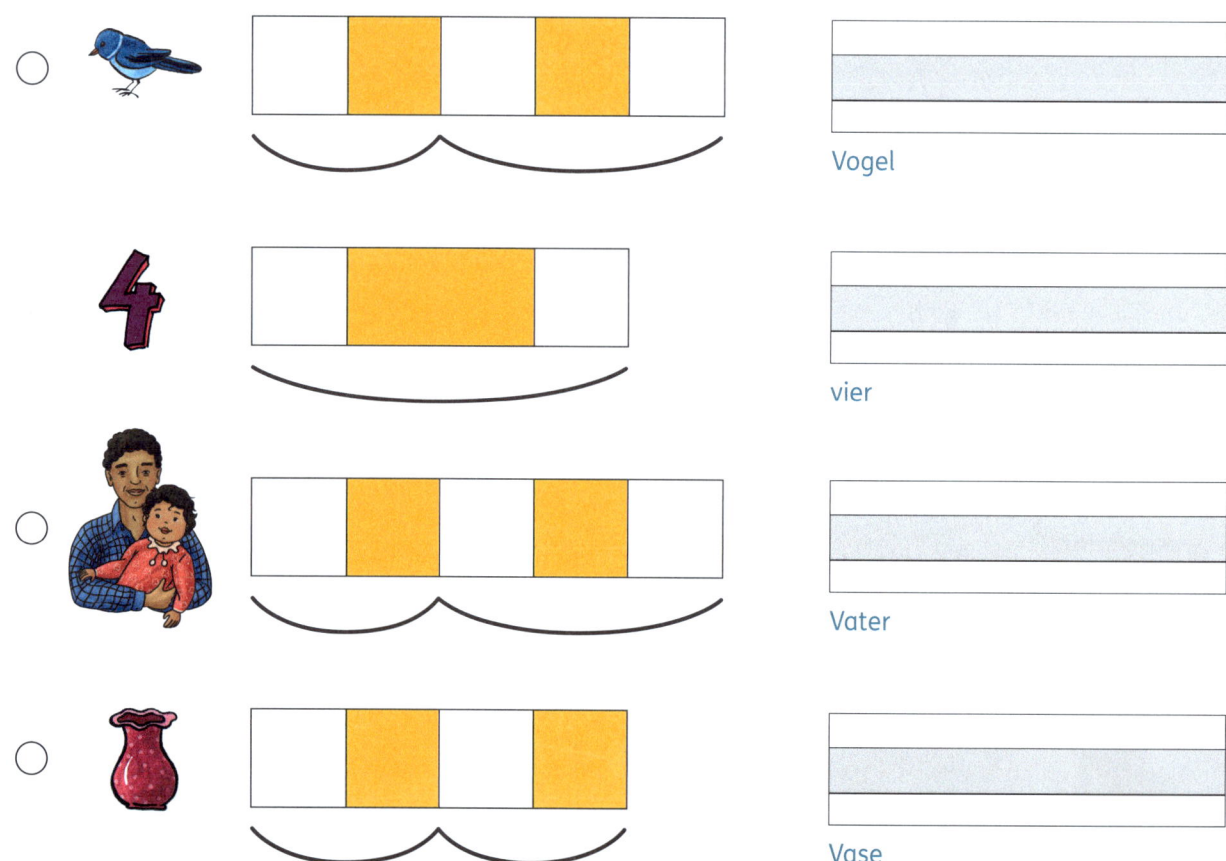

Vogel

vier

Vater

Vase

1. Wörter und Satz mit V und v lesen, V/v optisch diskriminieren und einkreisen; richtiges Bild zum Satz ankreuzen
2. Wörter mit Hilfe der Lauttabelle in Kästchen und in Lineatur schreiben, Artikelpunkte ausmalen

X x

1.

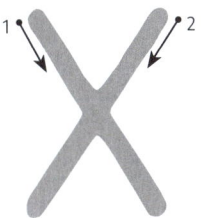 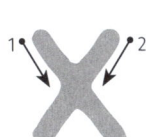 X x

2.

 Taxi

3.

4

X
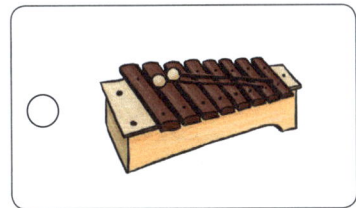  

x

1. X und x nachspuren
2. (Wörter mit) X und x in Lineatur schreiben, Schreibrichtung beachten
3. Wörter auf X/x abhören und einkreisen, Artikelpunkte ausmalen

Pf pf

1. ✏️

Pf   Pf

pf   pf

 Topf

 hüpfen

 Pferd

2. 🖊️

4

Pf

 ○    ○    ○

pf

 ○    ○    ○

1. (Wörter mit) Pf und pf in Lineatur schreiben, Schreibrichtung beachten
2. Wörter auf Pf/pf abhören und einkreisen, Artikelpunkte ausmalen

1.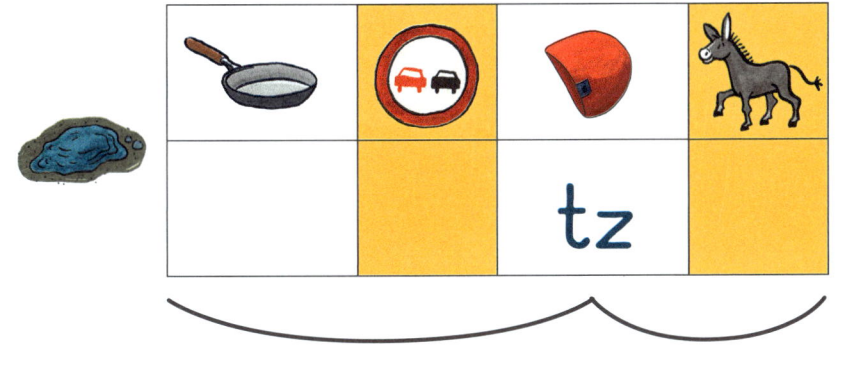

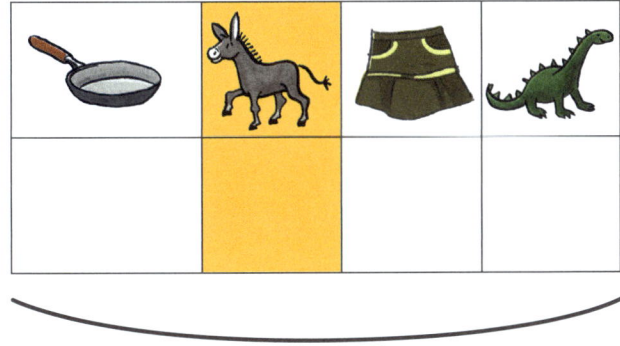

Pferde mögen Äpfel.

Topf Kopf Zopf

Zola hüpft auf dem Sofa.

2.

Topf

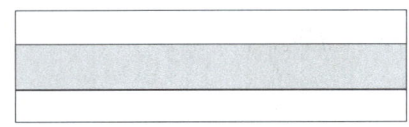

Äpfel

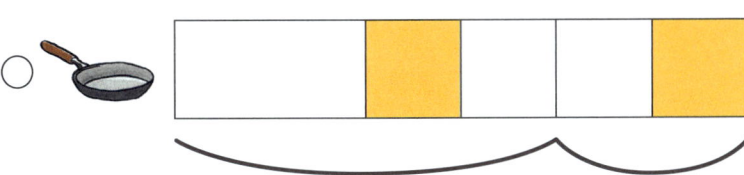

Pfanne

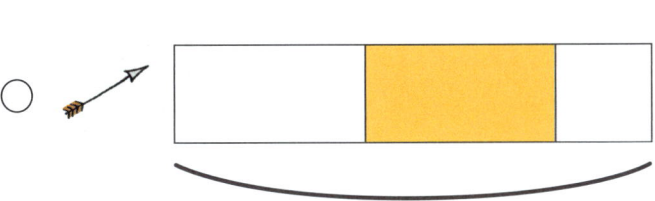

Pfeil

1. Wörter aus bekannten Buchstaben schreiben; die Lautbilder der Lauttabelle als Unterstützung nutzen; Zusatzaufgabe: Wörter und Sätze abschreiben, Silbenbögen einzeichnen und Könige markieren
2. Wörter mit Hilfe der Lauttabelle in Kästchen und in Lineatur schreiben, Artikelpunkte ausmalen

 **-äu**

Äu/äu ist auch
ein König.

1. ✏

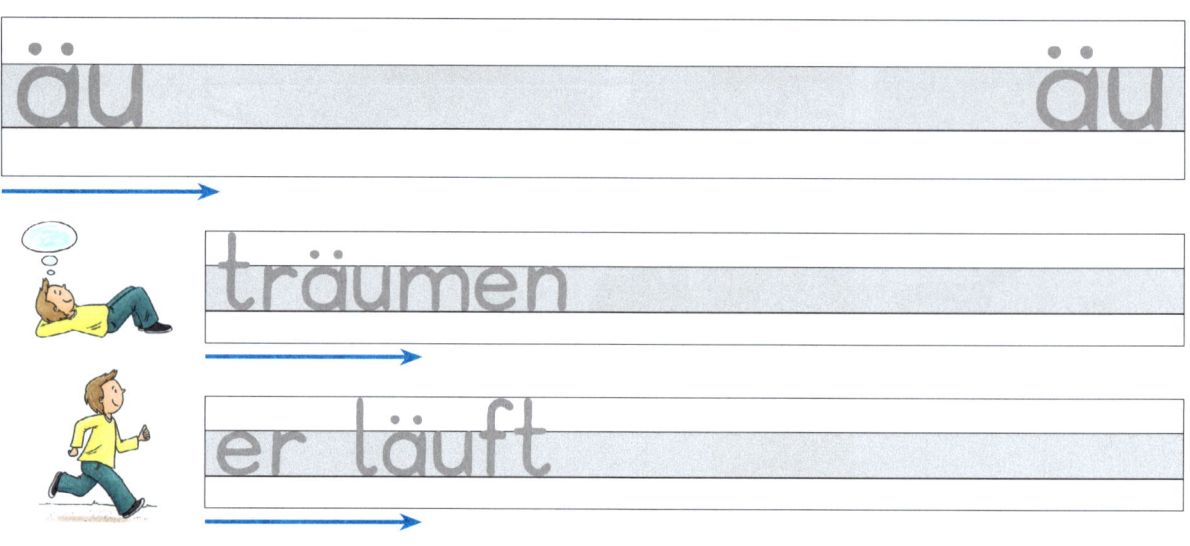

äu   äu

träumen

er läuft

2. 👓 ✏

 Zaun

 Haus

 Baum

 Maus

Häuser

Bäume

Mäuse

Zäune

Qu qu

1. ✏

Qu qu Qu qu Qu qu

2. ✏

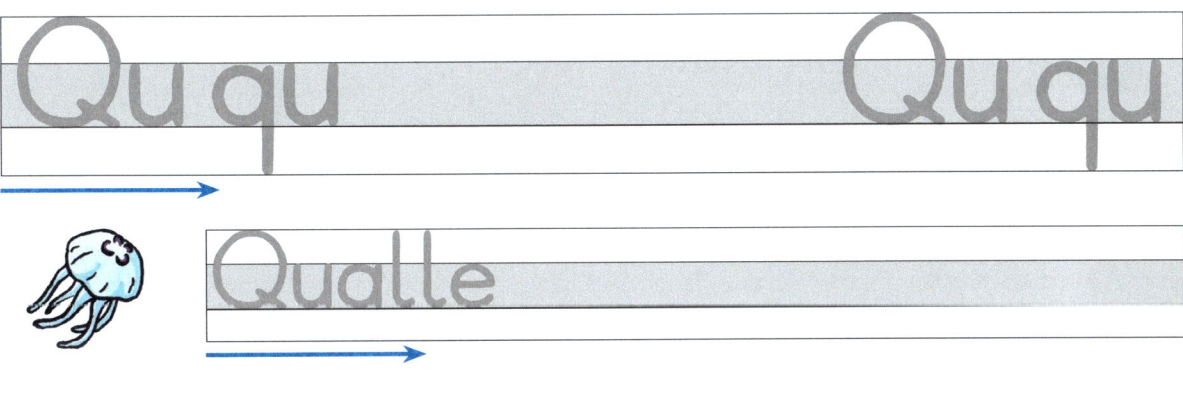

Qu qu   Qu qu

Qualle

3. 👂 ○✏ 〰✏

3

Qu

Qu

 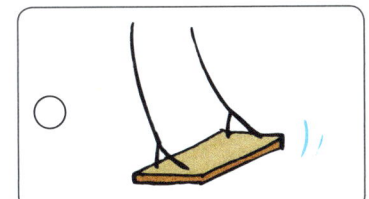 

1. Qu und qu nachspuren
2. (Wörter mit) Qu und qu in Lineatur schreiben, Schreibrichtung beachten
3. Wörter auf Qu abhören und einkreisen, Artikelpunkte ausmalen

Lesen

1. ✎

☐ ein Taxi und ein grüner Roller

☐ ein Taxi und ein grünes Auto

☐ ein Taxi und ein blaues Auto

☐ ein grünes Quadrat

☐ ein blauer Kreis

☐ ein blaues Quadrat

☐ Elin in einer Pfütze

☐ Amir mit einer Mütze

☐ Elin mit einer Mütze

☐ ein Zaun zwischen zwei Häusern

☐ eine Maus zwischen zwei Häusern

☐ ein Baum zwischen zwei Häusern

Lesen und malen

1.

In der Vase stehen
zwei blaue Blumen.

Das Pferd frisst
drei grüne Äpfel.

Im Baum sitzt
ein roter Vogel.

Rami hat zwei graue
Mäuse im Käfig.

Vor dem Haus
parkt ein gelbes Taxi.

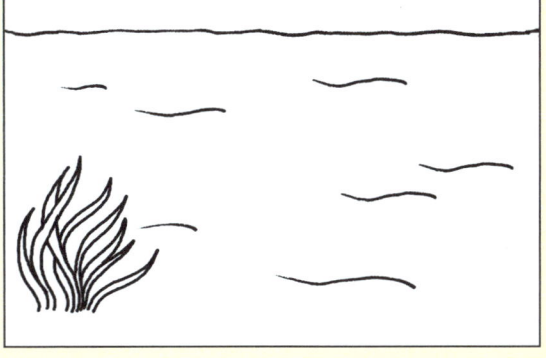

Im Meer schwimmen
zwei rote Quallen.

Zuhören und zeigen

1. 🔊89 ☞

2. 🔊90 ✗✏️

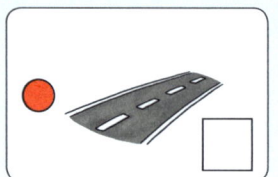 

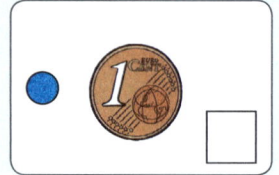  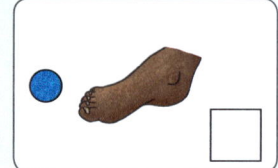

3. 🎲 Spiel 3

---

4. 🔊91 ☞

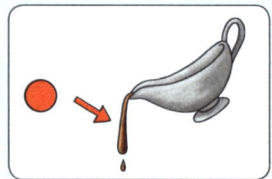 

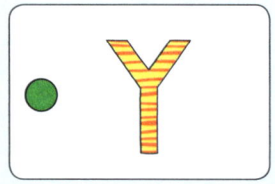

5. 🎲 Spiel 2

6. 🔊92–96

alle neuen Abhör- und Lernwörter des Kapitels kennenlernen: Wörter auf der CD anhören und im Heft zeigen (1., 4.), Einzelwörter herausfinden (2.), Spiele mit den Bildkarten spielen (3., 5., Anleitung im Heftumschlag), Reime zu den Wörtern anhören (6.); Übungen ritualisiert wiederholen

-ß

1.

ß ß

2.

ß ß

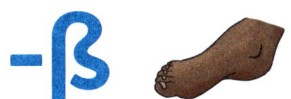

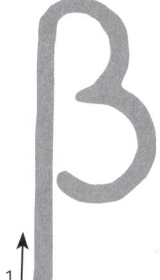

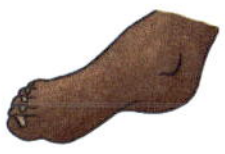

Fuß

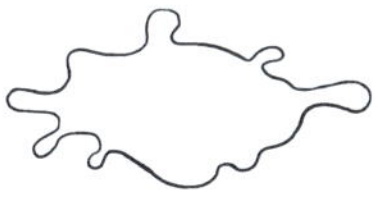

weiß

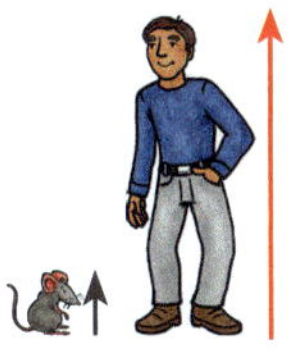

groß

sie saß

heißen

1. ß nachspuren
2. (Wörter mit) ß in Lineatur schreiben, Schreibrichtung beachten

1. 👂 ○✏️ ✏️

ß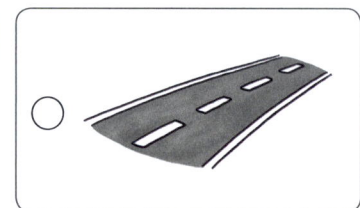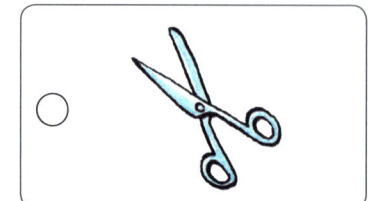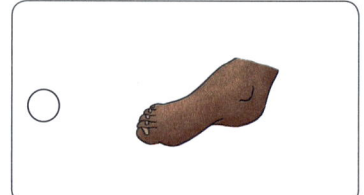

ß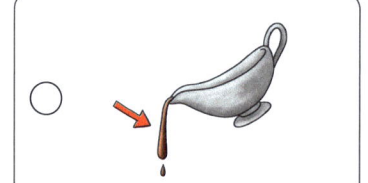

---

2. ▤ ✏️

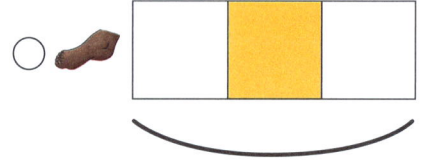

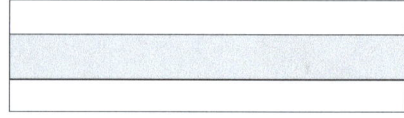
Fuß

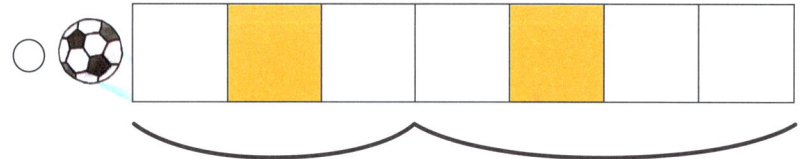

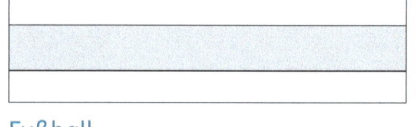
Fußball

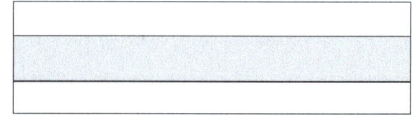
Straße

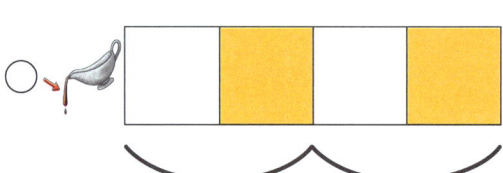

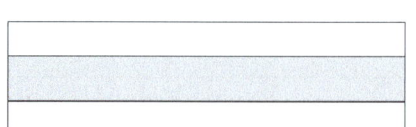
Soße

1. Wörter auf ß abhören und einkreisen, Artikelpunkte ausmalen
2. Wörter mit Hilfe der Lauttabelle in Kästchen und in Lineatur schreiben, Artikelpunkte ausmalen

C c

1. ✏️

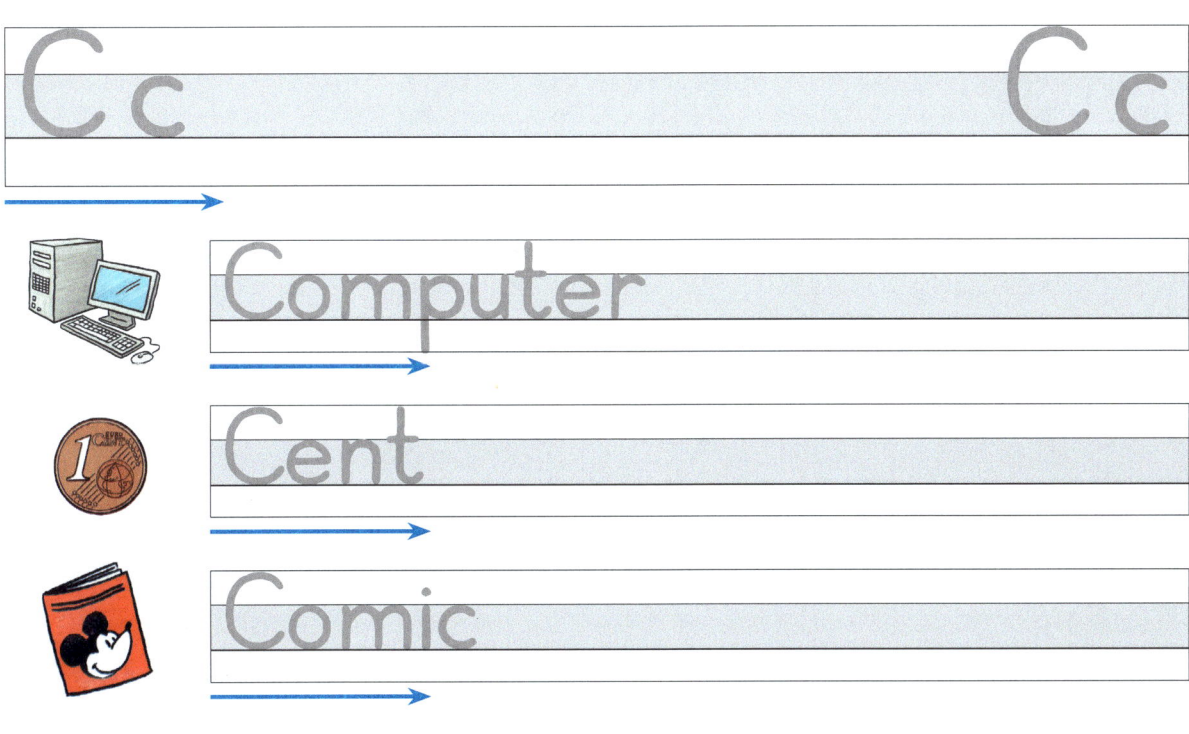

C c   C c

Computer

Cent

Comic

2. 👓 ✏️ ✏️

   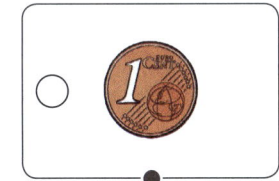      

Comic	Clown	Computer	Cent

1. (Wörter mit) C und c in Lineatur schreiben, Schreibrichtung beachten
2. Wörter mit C und c lesen und mit passendem Bild verbinden, Artikelpunkte ausmalen

Y y

Y/y kann auch
ein König sein!

1.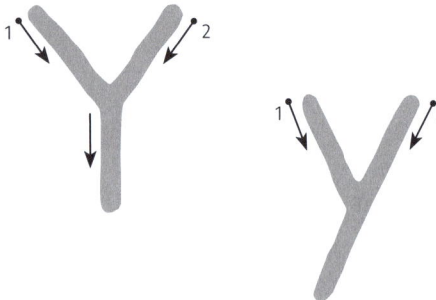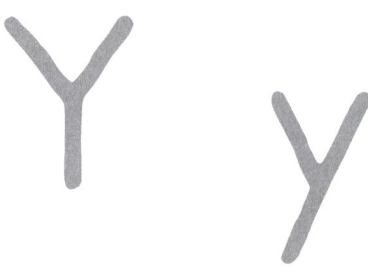

2.

Pony

3. ᴏᴏ o Y y x

6

Teddy   Baby   Pony   Ypsilon

 Emily spielt
mit einem
weichen Teddy.

1. Y und y nachspuren
2. (Wörter mit) Y und y in Lineatur schreiben, Schreibrichtung beachten
3. Wörter mit Y und y lesen, Y/y optisch diskriminieren und einkreisen; richtiges Bild zum Satz ankreuzen

Lesen

1. 👓 × ✏️

- [ ] ein Teddy im Kinderwagen
- [ ] ein Teddy im Bus
- [ ] ein Pony im Kinderwagen

- [ ] Mama am Computer
- [ ] Amir mit Comic
- [ ] Amir am Computer

- [ ] ein Euro und zwei Cent
- [ ] ein Euro und fünf Cent
- [ ] ein Euro und ein Cent

- [ ] ein Fußball auf dem Tisch
- [ ] ein Fußball auf der Straße
- [ ] ein Fußball im Tor

Lesen und malen

1.

Auf den Nudeln
ist rote Soße.

Oma arbeitet
am Computer.

Rami hat
einen braunen und
einen blauen Teddy.

Der Clown hat
eine grüne Nase
und gelbe Haare

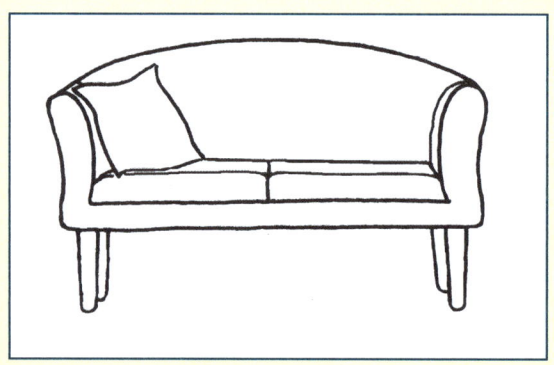

Unter dem Sofa
liegt ein Fußball.

Zolas Pony ist schwarz,
weiß und braun.

1. Sätze aus bekannten Buchstaben lesen,
Zeichnungen ausmalen und vervollständigen